책 속의 중국어특강
중국어 30일 안에 끝내라.

책만 사면
제대로
배우는
중국어

(삼육대학교 중문과 교수)

김 낙 철 지음

제이앤씨
Publishing Company

중국어를 공부하시는 학습자 여러분, 안녕하십니까.
중국어는 단어만 알면 말할 수 있습니다.
특정 발음과 성조가 어렵다고 하지만 연습하면 충분히 해결됩니다.

먼저 중국어를 배우기 전에
우리는 외국인임을 인정해야 합니다.
아무리 열심히 공부한다고 해도
중국 현지인이 아니고서야 중국인과 똑같이 하기는 힘든 일이지요.
완전 전문가가 될 생각이라면 대단한 노력을 해야 될 겁니다.

실수를 두려워 마세요.
그러면서 배우는 게 당연하니까요.
우리가 한국어를 실수하며 말하는 외국인에게
왠지 더 호감을 느끼는 경우와 마찬가지입니다.

그러므로 긴장하지 마시고
너무 욕심도 내지 마시고
본 교재에 등장하는 준호, 민석, 지연이와 함께
평소 제가 가르치는 중국어 수업에 참여하셔서
즐겁게 배우시고 외우시다보면
어느 덧 중국이과 술술 대화하는 때가 올 겁니다.
기대하겠습니다.

2014년 6월 삼육대 바울관에서 저자 김낙철

김 샘

나이 : 어느 새 불혹을 한참 넘김.

직업 : 중국어 강의경력 20년의 샘.

성격 : 비교적 다혈질이나 친절하고 자상하다.

가족상황 : 현모양처 부인과 1남 1녀(욱희, 욱영)

강의목표 : 한국인이면서 중국인과 똑같아질 욕심이면 아예 중국에서 살아라.

　　　　　바쁜 세상 할 일도 많은데 중국어에 올인한다?

　　　　　일단 30일 동안의 본 강의를 듣고 나서,

　　　　　약간의 끈기와 배짱으로 의사소통에 지장 없으면 그것으로 OK!

　　　　　진정 고수가 되고 싶다면 나름 열공하라.

장준호

나이 : 24세

직업 : 국방의 의무를 마치고 알바를 하면서 복학을 기다린다.

성격 : 매사 긍정적이며 대범하다.

취미 : 여행.

장래희망 : 중국에 가서 크게 사업하기. 로스쿨에도 한번 도전할 계획이다.

박민석

나이 : 21세

직업 : 작년에 중국어과를 지망했다가 떨어진 재수생이다.

성격 : 약간 소심하고 호기심이 많은 편.

취미 : 등산.

장래희망 : 구체적인 계획은 아직 없지만 중국어를 너무 좋아한다.

송지연

나이 : 21세

직업 : S대학 중국어과 2학년에 재학 중이다.

성격 : 명랑, 까칠, 샘이 많고 잘난 척을 잘해 준호와 민석의 미움을 살 때도
있지만 본디 성실한 모범생이다.

취미 : 음악 감상.

장래희망 : 중국어과 교수나 통역사, 또는 대기업에 입사하여 커리어우먼이 되
는 것. 스튜어디스도 고려중이다.

아메이

본명 : 왕춘미(王春美)

나이 : 23세

직업 : 중국에서 교사를 하다가 1년간 한국에 체류하며 중국어학원 조교 담당.

성격 : 내성적, 한국어를 전혀 몰라 중국인 발음으로 읽기만 한다.

장래희망 : 속내를 드러내지 않아 전혀 알 수 없다.

본 어학원 강의 일정

중국어는 어떤 말일까?

샘 안녕. 여러분!
만나서 반갑다. 전부 세 명이네?
뭐 중국어를 제대로 가르치기엔 서너 명이 딱 좋아.
학생들이 많으면 아무래도 집중하기 힘드니까. 하하하하!

준호 아니, 처음부터 말을 놓다니?
하긴 외국어 가르치며 무게나 잡고 격식 같은 거 따져 봐야 뭔 소용?
가족적인 분위기로 빨리 친해져야 질문하기도 편하겠지. ㅋㅋㅋ……

샘 여러분, 중국어 처음 배우는 맞지?

준호, 민석 네 !

샘 내가 중국어를 가르친 지 벌써 20년이야.
그동안 공부했던 교재들이 다 거기서 거기라 학생들이 이젠 지겨워하더라.
그래서 이번에는 내가 그동안 강의했던 걸 토대로
최대한 쉽고 재미있게 많은 내용을 가르쳐보려고 하는데, 어때 괜찮겠어?

준호, 민석, 지연 네 !

샘 음……, 내 강의 원칙은 배워서 바로 써먹는다는 거야.
솔직히 예문만 잔득 늘어놓고 구구절절이 설명하면 뭐해?
금방 다 까먹을 걸.
그냥 상황에 맞춰 생각나는 대로 중국어로 말하고
거기에 대해 설명하는 수업 방식은 어떨까?

민석 샘, 그럼 체계적이 아니잖아요?

샘 말을 배우는 데 체계적인 것도 좋지만 난 실용성이 더 중요하다고 생각해.
여러분이 당장 중국인을 만난다면
[이것은 책이다], [새가 나무 위에 앉았다]와 같은 말부터 할까?

아니, [안녕하세요], [중국에서 오셨나 보죠?], [한국에는 처음이세요?]부터 시작할 걸.

준호   맞아요!

샘   그런 관점에서 이번 강의는 아예 처음부터 다양한 문장들을 가르칠 텐데, 너무 어렵다고 짜증내지 마.
좀 고생은 되겠지만 암기해서 즉시 사용한다는 점이 내 강의 포인트니까.

민석   샘, 저는 입시 준비 때문에 문법을 좀 배워야 하는데요.

샘   그래, 민석이의 경우는 그렇겠다. 시험을 봐야 한다니.
다들 외국어 회화를 배울 때 문법은 별로 중요치 않다고 하는데,
내 생각엔 안 그래.
뭐 아주 짧은 문장이면 모르지만,
문법을 모르고서야 어떻게 많은 문장들이 외워지겠어?

민석   그럼요!

샘   다행히 중국어 문법은 영어에 비하면 뭐 식은 죽 먹기니까
쓸데없는 걱정일랑 붙들어 매.
회화면 회화, 문법이면 문법, 완전 풀 서비스로 끝내줄게.

민석   알겠습니다. 샘만 믿을게요!

샘   앞으로 3일간 발음을 배울 텐데.
발음 과정이 끝나면,
중국인과 나눌 수 있는 대화 주제를 매번 다르게 설정해서
거기에 대한 필수 표현들을 묻고 답하는 식으로 수업이 진행될 거야.
그러다 보면 어느 새 도사 급은 아니래도
진짜 어디 가서 중국어 못한다는 소리는 안 듣게 될 거다.

준호   어라? 한 달 만에 중국어 회화가 가능하다는 게 말이 돼? 말이 되냐고?

샘   아 참, 소개가 늦었다.

이쪽은 왕춴메이(王春美)라고 하는 한족 선생님인데
'아메이'라고 불러라.

지연   아메이?

샘   그래, 아메이가 교재에 나오는 중국어를 본토 발음으로 읽어 줄 거야.

지연   阿美, 你好! 아메이 니 하오!

아메이   大家好! 따찌아 하오! 见到你们很高兴! 찌엔 따오 니먼 헌 까오씽!

지연   我也很高兴认识你! 워 이에 헌 까오씽 런~스~니!

준호, 민석   헐!

샘   지연이는 중국어를 곧잘 하는구나.

지연   아니에요! 호호호!

샘   자, 오늘은 첫 시간이니까
우선 중국어의 특성에 대해 간단히 설명할게.
한국인이 가장 배우기 쉬운 외국어는 바로 중국어야! 왜냐?
첫째, 모든 중국어는 여러분이 사용하는 한자로 되어 있지,
둘째, 한국어 한자음과 중국어 한자음이 비슷하지.
셋째, 중국어는 고립어이기 때문에 동사나 형용사의 변화가 없지,
넷째, 중국어는 어순이 한국어와 다르지만 영어와 비슷해서,
영어를 배웠던 사람이라면 이해하기 쉽다 이거야. 예를 들어볼까?

[나는 + 중국인 + 이다]를 중국어로 하면 [나는 + 이다 + 중국인]
[나는 + 밥을 + 먹는다]를 중국어로 하면 [나는 + 먹는다 + 밥을]
[나는 + 책을 + 살 + 돈이 + 없다]를 중국어로 하면?
[나는 + 없다 + 돈이 + 살 + 책을]

자, 이런 순서로 말이 만들어지거든?

준호   샘, 근데요. 중국어는 지역에 따라 서로 다르다고 하던데......

샘   그건 맞아, 그중에 지금 우리가 공부하는 북경어가 표준어야.
북경어만 알면 중국이나 대만, 홍콩 어디든지 가서 다 통하니까 딴 건
신경 끄라고.

민석   그럼 간체자는 뭡니까?

샘   음...... 현재 중국에서는 간체자(简体字)라는 걸 사용하는데,
본래의 한자 즉 번체자(繁体字)를 간결하게 재구성한 글자를 가리키지.
처음엔 이상하게 느끼지만 쓰다 보면 훨씬 더 편해.

준호   그럼 중국어 배울 때 어려운 점은 뭡니까?

지연   호호호! 뭘 그런 걸·····, 왜? 나, 중국어 전공자니까!

샘   하하하! 중국어도 당연히 외국어인데 어떻게 쉽기만 하겠어?
우선 발음이 한국어와 다르고,
또 발음상 소리의 높낮이를 성조라고 하는데, 이 성조를 잘 익혀야 해.
하지만 성조도 나를 따라 열심히만 연습하면 문제없어.
자, 그럼 오늘은 교재만 소개하고 내일부터 정식으로 수업하자!
교재는 뭔지 알지?

지연   네! 《책만 사면 제대로 배우는 중국어》 !!

샘   세 사람 모두 왕초보 단계니까 앞으로 무조건 따라 읽고 외우도록!

지연   호호호! 왜? 나, 중국어 전공자니까!

샘   질문?

준호   뭐 아는 게 있어야 물어보죠?

샘   좋아, 그럼 1층 커피숍으로 집합! 친목 도모를 위해 샘이 쏠게!

준호   커피보다는 아무래도 호프 쪽이......

민석   샘, 그게 낫겠는데요.

지연   <u>호호호!</u> 뭐야? 미쳤어, 미쳤어! 대낮부터 뭔 술?

공부도 시작하기 전에? 에효, 남자들은 이래서 안 돼.

샘   하하하하! 호프집이라면 한 달 후 과정 끝나면 가도록 하자!

준호, 민석 네에~

중국어 발음, 겁먹지 마세요.

샘 준호, 민석, 지연! 그래 다 왔구나.
오늘은 중국어 발음을 공부하겠다.
중국어 발음에는 성모(声母)와 운모(韵母)라는 게 있는데……

준호 아, 왜 꼭 성모와 운모지요? 그냥 자음과 모음이라면 되지.
'성모' 하니까 '성모마리아'가, '운모'하니까 꼭 '돌'이 자꾸 생각나서요.

샘 하하하! 그건 말이야. 음……
중국어의 성모와 운모를 한국어의 자음과 모음이라고 하기엔 차이가 있어서 그래.
예를 들어 한국어의 [동]이라고 할 때,
[ㄷ]과 [ㅇ]은 자음, [ㅗ]는 모음이라고 하지?

준호 네.

샘 하지만 중국어에서는
맨 처음에 나오는 [ㄷ]을 성모, 나머지 [ㅗㅇ]을 운모라고 하거든?
그러니까 영어식 표기 [dong]에서,
[d]는 성모이고 나머지 [ong]은 운모인 셈이지.

준호 아~ 그렇구나!
그런데 한자는 뜻글자니까 글자를 읽으려면 따로 발음기호가 필요하겠네요?

샘 물론이지.
발음기호가 없다면 어떻게 아이들에게 한자 읽는 법을 가르치겠어?
그래서 나온 중국어의 발음기호를 일명 '한어병음(汉语拼音)'이라고 해.
'한어'는 중국 56개 민족 중 한족이 쓰는 언어를 가리키고,
병음이란 '병든 소리'가 아니고, '음을 붙여준다'는 뜻이야.

준호　아~, 그게 한어병음이구나!

샘　　이 한어병음만 읽을 줄 알면 어떤 글자라도 발음할 수 있는데,
　　　더구나 한어병음은 알파벳으로 만들어져서 누구나 금방 배운다니까!

준호　네에……

샘　　현재 중국 표준어에는 성모 21개, 운모 38개가 있어.
　　　그럼 지금부터 성모와 운모를 배워볼까?

민석　아~, 떨린다!

샘　　하하하! 이런? 미리 겁부터 먹긴……
　　　중국어 발음은 한국어와 다르지만 편의상 우리말로 써 볼게.
　　　한글 위에 [ㅍ] 위에 [f] 표시를 붙인 것은 영어의 [f]처럼 발음하고,
　　　오른쪽에 [~]를 붙인 것은 '혀를 말아서 내는 소리'라는 뜻으로
　　　'권설음(卷舌音)'이라 부르는데,
　　　혀를 [ʃ]모양으로 해서 혀의 말단 위쪽을 구부려 입천장 앞쪽에 대고
　　　달랑 말랑 닿지 않게 마찰하는 소리야.
　　　자, 이제 읽어볼까?

b(뽀어)	p(포어)	m(모어)	f(f포어)
d(떠)	t(터)	n(너)	l((을)러)
g(꺼)	k(커)	h(허)	
j(지)	q(치)	x(시)	
zh(즈~)	ch(츠~)	sh(스~)	r(르~)
z(쯔)	c(츠)	s(쓰)	

민석　샘, 왜 어떤 성모들은 [오어]를 붙이고,
　　　어떤 성모들은 [이]를, 그리고 어떤 성모들은 [으]음을 붙여 읽는 겁니
　　　까?

샘   좋은 질문이다. 그냥 단순하게 생각해.

　　　 우리가 [ㄱ ㄴ ㄷ ㄹ ㅁ ㅂ ㅅ......]을 [가 나 다 라 마 바 사......] 하면서

　　　 [아]음을 붙여 읽는 것처럼,

　　　 중국어에서는 [b p m f]는 [오어(o)]를,

　　　 [d t n l g k h]는 [어(e)]를,

　　　 [j q x]는 [이(i)]를,

　　　 [zh ch sh r z c s]는 [으(i)]음을 붙여서 읽는다고 말이야.

준호, 민석 ......?

샘   어렵게 생각하지 마.

　　　 [b p m f]에 [o]가 붙으면 각각 [뽀어 포어 모어 f포어]라고 읽고,

　　　 [d t n l g k h]는 [e]가 붙으면 [떠 터 너 (을)러 꺼 커 허],

　　　 [j q x]에 [i]가 붙으면 [지 치 시],

　　　 [zh ch sh r z c s]에 [i]가 붙으면 [즈~ 츠~ 스~ 르~ 쯔 츠 씨]라고 읽으면 되니까.

준호   아아, 네에......

샘   이번에는 아메이가 [o,　e,　i]를 붙여 읽을 테니 잘 들어봐.

bo(뽀어)   po(포어)   mo(모어)   fo(f포어)

de(떠)   te(터)   ne(너)   le<(을)러>

ge(꺼)   ke(커)   he(허)

ji(지)   qi(치)   xi(시)

zhi(즈~)   chi(츠~)   shi(스~)   ri(르~)

zi(쯔)   ci(츠)   si(씨)

이때 중국어는 단음절로 소리 내야지 복음절로 내서는 안 돼.

무슨 말이냐면, 예를 들어 [bo]를 [뽀ㅓ]라고 단번에 읽어야지,

[뽀]와 [어]를 따로 읽으면 된다? 안 된다?

지연   안돼요!

샘   그래.

민석   샘, 운모 [o] [e] [i]는 각각 [오] [에] [이]로 발음해야 되는 거 아닙니까?

샘   바로 그 점이 한어병음이 영어의 발음기호와 다른 점이지.
        음……, 이렇게 알면 되겠구나.

        첫째, 운모 [o]가 [b p m f] 뒤에 붙을 때는
        bo(뽀어) po(포어) mo(모어) fo(f포어)와 같이 [오어]로 소리 내고,
        [o]가 뒤에 [ng]가 붙는 경우
        즉 [dong] [kong] [zhong]과 같은 것은 [오]로 소리 내서
        [똥] [콩] [쫑]으로 발음하고,

        둘째, 운모 [e]가 [d t n l g k h] 뒤에 붙을 때는
        de(떠) te(터) ne(너) le(ㄹ러) ge(꺼) ke(커) he(허)와 같이 [어]로 소리 내고,
        [e]가 뒤에 [i]가 붙는 경우
        즉 [bei] [dei] [gei]와 같은 것은 [에]로 소리 내서
        각기 [뻬이] [데이] [게이]로 발음해.

        셋째, 운모 [i]가 [j q x] 뒤에 붙을 때는
        ji(지) qi(치) xi(시)와 같이 [이]로 소리 내고,
        [i]가 [zh ch sh r z c s] 뒤에 붙을 때는
        zhi(즈~) chi(츠~) shi(스~) ri(르~) zi(쯔) ci(츠) si(쓰)와 같이 [으]로 발음하지.

        넷째, 운모 [o]는 성모 [j, q, x]에 붙지 않으니까
        [jo…] [qo…] [xo…]로 시작되는 발음은 없고,
        역시 운모[i]는 성모 [g, k, h]에 붙지 않으니까
        [gi…] [ki…] [hi…]같은 발음도 없어. 알겠지?

준호   아…… 그렇구나.

민석   샘, 그럼 운모 [o]가 [b p m f] 뒤에 붙을 때,

　　　　bo(뽀어) po(포어) mo(모어) fo(f포어)와 같이 [오어]로 소리 낸다 하셨는데,

　　　　bong(뽕) pong(퐁) mong(몽) fong(f퐁)같은 발음은 없는 거죠?

샘　　　그래, 그래, 그런 발음은 없어!

준호　　중국어 성모들을 한국어 자음과 비교하면 어떻게 됩니까?

샘　　　중국어 발음을 한국어로 표기한다는 건 솔직히 좀 무리지만

　　　　그래도 몇 개 발음만 빼놓고는 거의 비슷하게 낼 수 있어.

　　　　이해를 돕기 위해 한번 적어볼게.

b(ㅃ)	p(ㅍ)	m(ㅁ)	f(f프)
d(ㄸ)	t(ㅌ)	n(ㄴ)	l(ㄹ)
g(ㄲ)	k(ㅋ)	h(ㅎ)	
j(ㅈ)	q(ㅊ)	x(ㅅ)	
zh(ㅈ~)	ch(ㅊ~)	sh(ㅅ~)	r(ㄹ~)
z(ㅉ)	c(ㅊ)	s(ㅆ)	

　　　　자, 이것들이 중국어 성모인데, 운모와 합쳐져야 비로소 1개의 음절이
　　　　되는 거야.
　　　　여기서 한국인들이 발음하기 어려운 성모 [zh ch sh r z c]와 [f] 등 7개
　　　　를 정확히 발음해야 해.
　　　　그리고 [l]은 영어의 [l]발음처럼 즉 [(을)러]처럼
　　　　혀가 입천장에 붙였다 내는 소리이므로,
　　　　혀가 입천장에 닿지 않는 [r] 발음과 완전히 다르다는 점도
　　　　주의해야 하지.
　　　　사실 이것들만 제대로 연습하면 중국어 발음은 끝나.

민석   샘, 얘들 발음 요령을 좀 더 구체적으로 설명해 주세요.

샘   [f]는 영어의 [f] 발음과 같아. 금방 이해되지?

            [zh ch sh r]는 혀 말단 윗부분을 [ㄹ] 모양으로 말아 올려서

            앞쪽 입천장과 달랑 말랑 마찰하는 소리이고,

            [z c] : 이를 다물고 혀끝을 딱딱한 입천장 즉 윗니 뿌리에 살짝 대면서

            다문 잇새 사이로 마찰하는 소리야.

준호   뭐~야, 처음에는 중국어가 쉽다고 하더니 헷갈려 죽겠구먼.

민석   샘, 성모가 이렇게 어려운데, 운모는요?

샘   하하하! 운모는 쉬우니까 걱정하지 마.

            성모를 빼면 나머지가 운모가 되는데, 일단 운모에는 뭐가 있나 보자!

a(아)	o(오, 오어)	e(어)	e(에)
ai(아이)	ei(에이)	ao(아오)	ou(어우)
an(안)	en(언)	ang(앙)	eng(엉)
er(알)	i(이)	u(우)	ü(위)

            이번에는 우리 한글과 비교해 볼까?

a(ㅏ)	o(ㅗ, ㅗㅓ)	e(ㅓ)	e(ㅔ)
ai(ㅏㅣ)	ei(ㅔㅣ)	ao(ㅏㅗ)	ou(ㅓㅜ)
an(ㅏㄴ)	en(ㅓㄴ)	ang(ㅏㅇ)	eng(ㅓㅇ)
er(ㄹ)	i(ㅣ)	u(ㅜ)	ü(ㅟ)

준호   어? 왜 [er]을 [얼]이 아닌 [알], [ou]는 [오우]가 아닌 [어우]라고 하지요?

샘   글쎄. 이런 경우는 특이하니까 묻지도 따지지도 말고

            중국인들이 하는 대로 그냥 따라 하는 게 좋아.

            [ren]의 경우도 [런~]보다는 [렌~]으로 발음하는 게 낫고.

준호   하긴 한어병음이 영어 발음기호와는 다르니까 특성상 그럴 수 있겠네요.

샘   맞아, 그리고 운모가 결합되는 경우를 가리켜 결합운모라고 해.

ya(이아)	ye(이에)	yao(야오)	you(여우)
yan(이엔)	yin(인)	yang(이앙)	ying(잉)
wa(와)	wo(워)	wai(와이)	wei(웨이)
wan(완)	wen(원)	wang(왕)	weng(웡)
yue(위에)	yuan(위엔)	yun(윈)	yong(용)

민석   샘, 여기서는 배우지도 않은 [y] [w]가 나오네요?

샘   그렇구나.
     결합운모는 3개의 운모 즉 [i(이) u(우) ü(위)] 뒤에
     다른 운모가 와서 합쳐진 걸 말해.
     여기에는 한어병음 사용 규칙이 있는데, 설명을 듣고 나면 왜 그런지 알
     거야.

1. [i]가 혼자 있거나, 음절 맨 앞에 있으면서 뒤에 [n, ng]가 오면
   [i] 앞에 [y]를 붙인다.
   예 i → yi 이,   in → yin 인,   ing → ying 잉

2. [i]가 음절 처음에 있고 그 뒤에 운모가 올 때는 [y]로 변한다.
   예 ia → ya 이아,   ie → ye 이에,   ian → yan 이엔,   iou → you 여우

3. [u]가 혼자 있을 때는 [u] 앞에 [w]를 붙인다.
   예 u → wu 우

4. [u]가 음절 처음에 있고 그 뒤에 운모가 올 때는 [w]로 변한다.
   예 ua → wa 와,   uo → wo 워,   uen → wen 원,   ueng → weng 웡

5. [ü]가 혼자 있거나 음절 맨 앞에 올 때는 [yu]로 변한다.

> 예 ü → yu 위,   üe → yue 위에,   üan → yuan 위엔,   ün → yun 윈

6. [ü]가 [j, q, x] 뒤에 오면 [u]로 변한다.

> 예 jü → ju 쥐,   qü → qu 취,   xü → xu 쉬

7. [uei, uen, iou] 앞에 성모가 올 때는 [ui, un, iu]로 변한다.

> 예 ruei → rui 뤠~이,   yuen → yun 윈,   diou → diu 띠우

어때 좀 복잡하지?
너무 신경 쓰지 말고 지금은 그냥 '그런 게 있구나' 하는 정도로만 기억해 둬.

민석 와~, 이거 장난 아니네?

샘 하하하! 중국어를 처음 배우는 사람은
[yan 이엔]을 [얀], [wen 원]을 [웬], [weng 웡]을 [웽]이라고 잘못 발음하는데,
꼭 베트남어 같지?
같은 발음인데 한어병음 표기만 다른 [ü 위]와 [yu 위]를 발음할 때,
[위이] 하며 끝의 [이] 음을 강조하여 입을 옆으로 찢지 말고,
입술을 끝까지 둥글게 유지해야 한다는 점을 꼭 명심해야 한다.

특히 [ü]는 [j, q, x] 뒤에 오면 꼭지 2개가 없어지면서 [u]자로 변하는데,
이때, [ju 쥐]를 [주], [qu 취]를 [추], [xu]의 [쉬]를 [수]로
잘못 발음하지 않도록 신경 써야 하고!

준호 어렵다……

샘 어려워? 어려우면 그냥 넘어가!

준호 정말요?

지연   호호호!

샘   정말이라니까.

        한어병음이야 반복해서 읽다보면 어차피 저절로 알게 될 테니까.

        지금 단계에서 복잡한 규칙까지 몰라도 상관없어!

준호   다행이네요. 방금 중국어 배우는 걸 포기할까 말까 마음이 복잡했는
        데……

샘   무어라? 이런? 쯧쯧쯧!

        자, 마지막으로 중국어의 성모와 운모를 읽어 볼 사람?

지연   저요!

bo(뽀어)   po(포어)   mo(모어)   fo(f포어)

de(떠)   te(터)   ne(너)   le(ㄹ러)

ge(꺼)   ke(커)   he(허)

ji(지)   qi(치)   xi(시)

zhi(즈~)   chi(츠~)   shi(스~)   ri(르~)

zi(쯔)   ci(츠)   si(쓰)

a(아)   o(오, 오어)   e(어)   e(에)

ai(아이)   ei(에이)   ao(아오)   ou(어우)

an(안)   en(언)   ang(앙)   eng(엉)

er(알)   i(이)   u(우)   ü(위)

준호, 민석   헐~ 대박!

샘   그래, 잘 읽었다. 발음도 아주 좋고. 전에 중국어를 배운 적 있는 것 같
        은데?

지연   네, S여대 중문과 2학년인데 샘 강의가 유명해서 한번 들어보려고 왔어
        요.

샘	어쩐지~
지연	호호호! 아유~ 쑥스러워라……
샘	자, 오늘은 이것으로 마치고, 내일은 중국어 발음의 특징을 공부하자.
준호	샘, 수업 끝나고 또 모이나요?
샘	됐거든? 준호야, 너는 공부할 생각은 안하고……
준호	쩝……
지연	호호호! 하여간, 못 말린다니까!

중국어 발음, 하루만 더 배울래요.

샘   벌써들 다 모였구나.
자, 오늘은 중국어 발음의 특징을 공부하자.
중국어 발음상 특징은 크게 3가지가 있어.

첫째, 단음절성(单音节性)!
어제 잠깐 배웠을 건데.
중국어는 한 글자를 읽을 때 단음절로 소리 내야지 복음절로 내서는 안 돼.
무슨 얘기냐면,
[bo]를 [뽀ㅓ]라고 단번에 붙여 읽어야지 [뽀 어]라고 따로 읽어서는?
된다 안 된다?

지연   안 된다!

샘   둘째, 성조(声调)! 무슨 조?

지연   성조!

샘   성조는 소리의 높낮이로서 중국어 발음을 하는 데 아주 중요해.
중국어를 아무리 오래 배워도 성조를 제대로 발음하지 못하면 허탕이지.
성조가 틀리면 중국인이 무슨 말인지 잘 알아듣지도 못하고,
그러다 보면 말하는 사람도 회화에 자신감이 떨어져 나중에는 포기하고
말 걸랑.
생각해 봐, 노래를 가락에 맞지 않게 부르듯,
성조가 틀리면 음치가 노래하는 것과 같아.
그러니 중국어에서 성조가 얼마나 중요한지 알겠지?

지연   당연하죠!

샘   성조는 크게 4가지가 있어서 사성(四声)이라고도 하는데,

여기에 가볍게 살짝 소리 내는 경성(轻声)이라는 것도 있어.
먼저 도표를 볼까?
가로축은 소리의 길이이고, 세로축은 소리의 높이니까
알아서 참고해라.

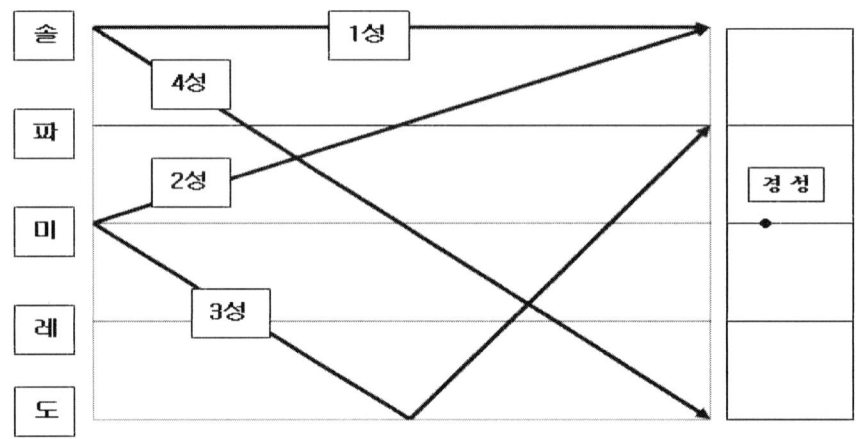

제1성(ˉ)은 길고 높은 소리야.
높이는 코의 맨 윗부분 양 눈 사이 즉 미간의 높이를 기준으로 보도록 해.

제2성(ˊ)은 입에서 코 위쪽으로 곧장 올리는 느낌으로 내는 소리인데,
시작할 때 소리가 조금이라도 아래쪽으로 내려가면 제3성이 되니까
무조건 위로 제1성 높이까지 올라만 가야 하지.
가슴에서 코 위 미간 즉 1성의 높이까지 올리는 느낌으로 발음해.

제3성(ˇ)은 목안 흉부 쪽으로 깊숙이 집어넣었다가 토해내는 식으로 발음해야 해.
그러니까 목안으로 기어들어가는 소리, 즉 속으로 내려가는 건 무조건 3성이야.

제4성(`)은 급하게 위에서 아래로 내뿜는 소리,
즉 1성의 높이에서 밖을 향해 아래쪽으로 내는 소리라고 보면 되겠다.
그리고 경성은 가볍게 살짝 내는 소리로서,
4성의 특성이 없기 때문에 성조 표시는 하지 않아.

준호　샘, 너무 어려워요.

샘　맞아, 이런 걸 말로만 설명해서는 알겠어?
직접 듣고 따라해 봐야 알지.
그럼 [ma 마]를 가지고 각각 5가지 성조로 읽는 연습을 해볼까?

mā　má　mǎ　mà　ma

민석　그럼 성조 표시는 어디에 붙이나요?

샘　성조 표시는 운모(a i u e o ü)에 붙이는데,
운모가 중복될 경우 입이 더 크게 벌어지는 운모에다 붙이는 게 원칙이야.
그리고 [i]와 [u]가 같이 있을 때는 뒤 글자에 붙여야 해.
예를 들어볼게.

dǎ 따　　zhōng 쫑~　　bèi 뻬이　　qiáng 치앙　　huí 호이　　xiū 씨우

준호　와~, 점점 골이 아파 오는구나, 이게 끝인가?

샘　몇 가지만 더 설명해야겠다. 음......

1. 제3성 2개가 중복되면 앞의 제3성자를 제2성으로 발음하고,

　你 好　Nǐ hǎo → Ní hǎo 니 하오 (발음상)

2. 제3성 3개가 중복되면 앞의 2개를 제2성으로 발음하거나,

3성-2성-3성으로도 발음해.

我 很 好 Wǒ hěn hǎo → Wó hén hǎo 워 헌 하오 (발음상)
　　　　　　　　　　　 → Wǒ hén hǎo 워 헌 하오 (발음상)

3. 그리고 제3성을 발음할 때 주의할 점은,
　　이 제3성자는 단독으로 발음하거나 문장 끝에 있을 때만 제외하고,
　　실제 발음할 때는
　　전체 [∨]모양에서 앞부분 [ˋ] 즉 내려가는 부분만 발음한다는 사실.
　　이런 경우를 반3성이라고 하는데,
　　반3성으로 발음할 것을 [∨]모양에 충실하게 뒤를 올려 발음하면,
　　다음 글자의 성조를 발음할 때 리듬이 깨져 엉망이 되거든.
　　그러니까 3성이 2성으로 변화될 때를 제외하고,
　　모든 '3성'은 아예 '반3성'으로 해서 끝을 올리지 말고
　　내려만 가도록 발음하는 것이야말로
　　그런 실수를 막을 수 있는 좋은 방법이지.

请问　Qǐng wèn 칭 원　　　　　你看　Nǐ kàn 니 칸

4. 또 [一 yī 不 bù]는 제4성 앞에서 제2성으로 발음해.

一片　yī piàn → yí piàn 이 피엔　不是 bù shì → bú shì 뿌 스~

5. 특히 [一 yī 이]는 혼자 있을 때는 제1성으로,
　　제4성 앞에서는 제2성으로,
　　제1성과 제3성 앞에서는 제4성으로 변해. 특별하지?

一 yī 이　　　　　　　　　　　一家 yī jiā → yìjiā 이찌아
一名 yīmíng → yìmíng 이밍　　一起 yīqǐ → yìqǐ 이치

지연   샘, 아화음(儿化音)에 대해서도 설명해 주세요.

샘   OK! 정말 잘 지적했다. 하마터면 잊고 지나갈 뻔했어.
자, 좀 힘들고 짜증나겠지만 이것만 설명하면 발음은 끝나니까 잘 들어봐.
중국어 가운데 [儿 ér 얼]이 접미사로 붙는 경우가 있는데,
이것을 [儿化音 érhuàyīn 얼화인]이라 하지.
여기에도 약간의 규칙이 있는데, 조금만 신경 쓰면 돼.

1. [ɑ] 뒤에 붙을 때는 [er]에서 앞의 [e]는 없애고 [r]만 붙인다.
  花儿 huā + er → huār 활

2. [ɑi·ei] 뒤에 붙을 때는 끝의 [i]와 [er]에서 앞의 [e]는 없애고 [r]만 붙인다.
  盖儿 gài + er → gàr 깔   味儿 wèi + er → wèr 월

3. [ɑn·en] 뒤에 붙을 때는 끝의 [i]와 [er]에서 앞의 [e]는 없애고 [r]만 붙이는데,
  이때 [n] 발음은 하지 않는다.
  一点儿 yìdiǎn + er → yìdiǎnr 이띠알   份儿 fèn + er → fènr f펄

준호   도대체 뭐가 뭔지·····

샘   준호야, 민석아, 헷갈리지?

민석   네, 너무 어렵고 복잡한 것 같아요.

준호   이론적으로는 알겠는데, 실제 발음하려니 엄두가 안 나네요.

샘   하하하! 처음이라서 그래.
지금까지 내가 설명한 것들은 앞으로 공부하면서 자연히 알게 될 내용이야.
그러니까 너무 긴장들 말고 일단 중국어 발음에 이런 것들이 있다고만 알아둬.

준호   아? 네에……

샘   하지만……

준호   하지만?

샘   성조만큼은 초기에 반드시 제대로 배워야 해.

준호   왜요?

샘   처음 잘못 습관을 들이면 나중에 고치기 완전 힘들거든.
사실 성조는 중국어의 꽃이라고 할 수 있어.
가령, [말씀 좀 묻겠습니다]는 [请问 Qǐng wèn 칭 원]이라 하는데,
만일 [请吻 Qǐng wěn 칭 원]이라고 말한다면 어떻게 될까?
[吻 wěn 원]은 [키스하다]는 뜻이걸랑.

지연   호호호!

샘   지연아, 뭐가 그렇게 우스워?

지연   아니에요. 호호호! 준호 오빠랑 민석이가 걱정이 되서!

준호, 민준   헐……

인사말부터 시작할까요?

샘   안녕? 오늘부터 본격적인 중국어 회화를 공부하겠다.

내 강의 목표는 여러분이 중국인과 직접 말을 통하도록 만들어 준다는
데에 있어.

중국어를 전공한 사람들 경우도 몇 년을 배웠지만

중국인을 만나면 더듬거리거나 아예 도망가는 친구들이 한둘이 아닌데,
왜 그럴까?

[이것은 책이다, 저것은 공책이다] 같은 교과서적인 말만 배우고,

정작 필요한 말은 외워 놓은 게 없으니 당연한 일이지.

그래서 나는,

중국인과 만났을 때 현실적으로 사용되는 실용회화를 가지고 강의할 거야.

그렇다고 문법도 무시할 수 없으니까 그때마다 쫘악 꿰어가면서.

거짓말이 아니라 30일만 나한테 잘 한번 배워 봐.

중국어의 기초를 끝내는 것은 물론,

중국인을 만나서 웬만한 회화는 술술 하게 될 테니. 알겠지?

준호, 민석, 지연 네!

샘   단, 문장을 문법적으로 이해했으면 어떻게 한다?

지연   "곧바로 암기해야 한다."

샘   오케이! 그게 내 강의의 철칙이야.

준호   이런 젠..; 암기하기가 어디 쉽나?

암튼 시키는 대로 따라하다 보면 어떻게 되겠지……

지금부터 갈 때까지 가볼까?

샘   자, 그럼 중국인을 처음 만나서 하는 인사말부터 시작하자.

중국어로 [안녕하세요!]가 뭔지 아는 사람?

민석	你好吗? Nǐ hǎo ma? 니 하오 마?

샘 중국어로 [안녕하세요!]는
흔히 방금 민석이가 말한 대로 [你好吗?]라고 알고 있는데,
이것은 흔히 서로 아는 사람끼리 [안녕하셨어요? / 잘 지냈니?]
하고 안부를 물을 때 사용하는 말이야.
그러니까 중국인을 만나서는 그냥,

你好! Nǐ hǎo! 니 하오! / 안녕하세요!

라고 하면 돼.
준호야! 여기서 3성이 2개니까 앞의 3성은 2성으로 발음해야겠지?

준호 ……

샘 앞에서 배웠잖아?
3성이 2개 연속되면 앞의 3성은 2성으로 발음해야 한다고.

지연 네. 그리고 3성이 3개 연속되면 3성+2성+3성
또는 2성+2성+3성으로 발음해야 하고요.

샘 맞아. 지연이는 다 알고 있었네? 역시 대단해!

지연 아니에요. 학교에서 배웠거든요. 호호호!

준호, 민준 허걱!

샘 그리고, 상대방이 내게 먼저 [你好]라고 인사하면 똑같이 [你好]라고 하면 돼.

준호 샘, [你]가 [당신]이면 [나]는 뭐라고 하지요?

샘 [나]는 [我 wǒ 워], [너]는 [你 nǐ 니], [그 남자]는 [他 tā 타]
[그 여자]는 [她 tā 타]라고 하지. 한번 천천히 따라해 볼까.

我 wǒ 워　　你 nǐ 니　　他 tā 타　　她 tā 타

준호, 민석, 지연　我 wǒ 워, 你 nǐ 니, 他 tā 타, 她 tā 타

샘　　좋아, 아주 잘 했어.

준호　샘, 중국어에는 존댓말이 없나요?

샘　　응, 거의 없다고 봐야지.

준호　유교 종주국가에서 존댓말이 없다니요? 어째 그런 일이……

샘　　배우기 편하니까 좋지 뭘.

준호　그럼 어른 아이 할 것 없이 맞장 뜨는 상황이네요?

샘　　하하하! 그래서 말하는 태도가 중요한 거야.
　　　단지 몇 가지,
　　　[你 nǐ]의 존댓말로 [您 nín 닌],
　　　[누구]라는 의문대명사 [谁 shéi 세~이]의 존댓말 [哪位 nǎwèi 나웨이]즉 [어느 분],
　　　[여러분]이라는 [大家 dàjiā 따찌아]의 존댓말 [各位 gèwèi 꺼웨이],
　　　[이 사람]이라는 [这个人 zhègerén 쩌~거렌~]의 존댓말 [这位 zhèwèi 쩌~웨이],
　　　[저 사람]이라는 [那个人 nàgerén 나거렌~]의 존댓말 [那位 nàwèi 나웨이]
　　　뭐 이 정도만 있다고 기억해둬.
　　　그러니까 존댓말을 알고 있다면 선생님이나 윗사람을 만났을 때,

您好! Nín hǎo! 닌 하오!

　　　라고 인사하는 게 예의 상 좋지 않겠어?

민석　샘, 중국어에 아침·오후·저녁 인사가 따로 있다고 알고 있어요.

샘 　맞아. 아침 인사는 [早 zǎo 자오],
　　오후 인사는 [午安 wǔ'ān 우안],
　　저녁 인사는 [晚安 wǎn'ān 완안]이라고 하고,
　　상대방이 먼저 이렇게 인사하면 똑같이 대답하면 돼.
　　이런 구분이 헷갈리면 아무 때나 어디서나 [你好]라고 하든가.
　　그리고 저녁 인사 [晚安 wǎn'ān 완안]은
　　[안녕히 주무세요]라는 뜻으로도 쓰인다는 거 잊지 말고.
　　자, 그럼 따라 읽어볼까?

早! zǎo! 자오!　　　**午安!** wǔ'ān! 우안!　　　**晚安!** wǎn'ān! 완안!

준호 　샘한테는 어떻게 인사하죠?

지연 　호호호! 왕초보!

샘 　음...... 얘기가 나왔으니 말인데.
　　[你好]나 [您好]라고 해도 되고,
　　[사람+好]라고 하면 [누구+안녕하세요]가 되니까
　　이런 식으로 인사해도 괜찮아.

老师好! Lǎoshī hǎo!　(을)라오스~ 하오! / 선생님 안녕하세요!

你们好! Nǐmen hǎo!　　니먼 하오! / 얘들아 안녕!

大家好! Dàjiā hǎo!　　따찌아 하오! / 여러분 안녕하십니까!

민석 　샘, 중국인이 만일 [你好吗?]라고 물으면 뭐라고 대답하는 게 좋습니까?

샘	이때는 상대방이 내게 잘 있었냐고 묻는 의문문이니까

샘 이때는 상대방이 내게 잘 있었냐고 묻는 의문문이니까
똑같이 [你好吗?]라고 묻는 건 이상하지 않겠어?
그러니까 대답 형식을 갖추어야 한단 말이지.
일반적으로 좋은 상황이 아니라도 잘 지내고 있다고 하는 게 예의야.

你好吗? Nǐ hǎo ma? 니 하오 마? / 잘 지냈니?

很好, 谢谢, 你呢? Hěn hǎo, xièxie, nǐ ne?
헌 하오, 씨에시에, 니 너? / 잘 지내, 고마워, 너는?

也很好。 Yě hěn hǎo. 이에 헌 하오. / 나도 잘 지내.

준호 샘, [你好吗?]와 [你呢?]의 [吗 ma 마 · 呢 ne 너]는 뭡니까?

샘 좋은 질문이야.
문장 끝에 붙어서 의문이나 권유 · 추측 · 단정 등을 표시하는 조사를
중국어 문법에서는 어기조사(语气助词)라고 해. 무슨 조사?

지연 어기조사!

샘 여기서 [吗?]는 문장 끝에 붙어
[~입니까? ~합니까?]의 뜻을 나타내는 의문어기조사야.
그러니까 문장 끝에 [吗?]가 있으면 무조건 의문문이고,
의문문을 만들려면 문장 끝에 [吗?]만 붙이면 된다고 일단은 알아둬.
그리고 [呢?] 역시 어기조사로서 용법이 다양하지만
여기서는 [~는요?] 즉 [~는 어때요?]라는 뜻으로 사용되었다고 볼 수 있어.

민석 샘, '어기'라는 게 정확히 뭘 가리키죠?

샘 음......, 어기란 어기(语气) 즉 말투나 어세
또는 말의 분위기라고 할 수 있는데,

문법에서 말하는 어기조사는 문장 끝에 붙어
진술·의문·명령·감탄·추측·권유·완료 등 어기의 구별을 표시하지.
중국어의 문법 용어는
우리말이나 또는 영어와도 차이가 있다는 점을 염두에 둬야 해.
어쨌거나 문장 끝에 붙는 조사는 무조건 무슨 조사?

지연   어기조사!

샘   굿!

지연   샘, 헤어질 때 인사도 가르쳐 주세요.
         저는 물론 알고 있지만 준호오빠나 민석이가 알아야 할 것 같아서요.

민석   나대지 마라!

샘   하하하! 알았어. 헤어질 때는,

再见! Zài jiàn! 짜이 찌엔! / 안녕히 계세요! 안녕히 가세요!

이라고 하는데, 이 말은 아무 때나 헤어질 때 쓰는 인사말이야.
한국어의 [안녕히 계세요!], 또는 [잘 있어, 잘 가!]라는 말이지.
원칙적으로 [再 zài 짜이]는 [다시], [见 jiàn 찌엔]은 [보다],
그러니까 [다시 보자, 다시 만나자]는 뜻이지.
또 [때+见]의 형식으로 [...때 봅시다. ...때 만납시다]라고도 하니까
기억해서 손해 볼 거 없겠다. 아니, 그리고 보니 꼭 기억해야 되겠구나.

待一会儿见! Dāiyihuìr jiàn! 따이호알 찌엔! / 이따가 보자!

晚上见! Wǎnshang jiàn! 완쌍~ 찌엔! / 저녁에 보자

明天见! Míngtiān jiàn! 밍티엔 찌엔! / 내일 보자!

下礼拜见! Xiàlǐbài jiàn! 씨알리빠이 찌엔! / 다음 주에 만나자!

민석   샘, 지난번 TV 에서 보니까
어떤 MC 가 중국인에게 [씬쿨러!]라고 하던데, 그게 무슨 말이죠?

샘   하하하! 그건 수고했다는 말이야.

辛苦了! Xīnkǔ le! 씬쿨 러! / 수고하셨습니다!

여기서 [辛苦 xīnkǔ 씬쿠]는 [고생하다, 수고하다]는 동사이고,
뒤에 붙는 [了]는 문장 끝에 붙었으니 무슨 조사?

지연   어기조사!

샘   어기조사 중 무슨 뜻을 나타낼까?

지연   [了 le (을)러]가 붙어 어떤 동작을 마쳤다는 뜻이니까,
[~했다]는 동작의 완성을 표시하는 거 아닌가요?

샘   맞았어. 여기서는 일단 문장 끝에 붙었으니 어기조사이고,
또 어기조사 중 완료를 표시한다고 보면 돼.
그런데 이 [了]가 동사나 형용사 바로 뒤에 붙으면 보통 동태조사(动态助
词)라고 해.
무슨 조사?

지연   동태조사!

샘   이 동태는 먹는 생선이 아니고,
동작의 완성이나 상태 변화를 나타낸다고 해서 동태조사라고 하는데,
이건 내가 나중에 따로 설명할게.

지금 설명해도 솔직히 어려울 건 없지만,
한술 밥에 배부를 생각 말고 오늘 수업은 여기까지 하자.

준호   辛苦了! xīnkǔ le! 씬쿨 러!

샘   아주 잘했어. 소리는 작아도 발음은 아주 정확한 걸.

준호   앗싸!

샘   준호야, 앞으로는 좀 더 자신 있게 큰 소리로 말해.

준호   네!

지연   샘, 질문이 있는데요.

샘   내일 하면 안 될까? 나 이따가 약속이 있어서.

지연   알겠어요.
     老师, 再见! Lǎoshī, zàijiàn! (을)라오스~, 짜이찌엔!

샘   그래!
     谢谢, 各位, 明天见! Xièxie, gèwèi, míngtiān jiàn! 씨에시에 꺼웨이, 밍티엔 찌엔!

어? 중국인이다. 말 한번 걸어볼까?

샘   안녕 !

오늘은 중국인을 처음 만나서 할 수 있는 여러 가지 대화를 공부하기로 하자.

자, 여러분이 만약 중국인을 처음 만났다, 뭐라고 할래?

준호   你好! Nǐ hǎo! 니 하오!

샘   잘했어. 그 다음은?

준호   글쎄요. 배운 게 그것뿐이라.

샘   우선 그 사람이 중국인이냐고 물어보자.

중국인에게 어떤 것을 묻기 전에는 보통,

请问。 Qǐng wèn. 칭 원. / 말씀 좀 묻겠습니다.

이라고 먼저 말하는 게 좋아.

[请 qǐng 칭]은 영어의 [please]와 같다고 할 수 있는데,

가령 [내가 뭘 좀 하겠습니다] 하고 자기 행동에 대해 상대방에게 허락을 받거나,

또는 [당신이 뭘 좀 하시지요] 하면서

상대방에게 어떻게 해달라고 권유하거나 요청할 때 쓰는 말이지.

여기 나오는 [请问 qǐng wèn 칭 원]은 앞의 경우로 [말씀 좀 묻겠습니다]는 뜻이야.

더 간단히 해석하면

우리말에서 누군가한테 말을 묻기 전에 쓰는 [저......, 저기요......] 정도가 되겠다.

민석   아, 그렇구나!

샘   일단 상대의 국적을 물어보자.

请问, 您是那国人? Qǐng wèn, nín shì nǎ guó rén?

칭 원, 닌 스~ 나 궈렌~? / 저, 댁은 어느 나라 사람이세요?

그런데 상대가 중국어를 말한다면 이렇게 묻기도 하겠지.

请问, 您是中国人吗? Qǐng wèn, nín shì Zhōngguórén ma?

칭 원, 닌 스~ 쫑~궈렌~ 마? / 저, 당신은 중국인이세요?

자, 이제 본격적인 중국어가 시작됐다.
여기에 나오는 [是 shì 스~]는 뭘까?

준호   글쎄요!

샘   바로 영어의 be동사에 해당하는 동사인데,
중국어 문법에서는 [무엇이냐 아니냐] 판단하는 성격 때문에
판단사(判断词)라고도 해. 뭐라고 한다고?

지연   판단사!

샘   이 판단사 [是]는 우리말로 하면 [...이다, ...입니다]의 뜻이지.
그런데 내가 앞에서 뭐라고 했어?
중국어의 어순은 영어와 비슷하다고 그랬지? 이 경우가 그래.
따라서 [A+是+B]는 [A+이다+B], 즉 [A는 B이다]가 되겠고,
그럼 뒤에 있는 [吗 ma 마]는 뭘까?

지연   문장 끝에 붙어 의문을 나타내는 어기조사예요.

샘   맞았어. 역시 지연이가 똑똑하구나.
그리고 [哪国人]의 [哪 nǎ 나]는 [무엇, 어느, 어떤]이라는 뜻의 의문사인데,

문법에서는 의문대사(疑问代词)라고 불러.
뭐라고 한다고?

지연 의문대사!

샘 의문대명사가 아니고 왜 의문대사냐?
그건 중국어 문법의 특성이야.
어쨌든 중국어는 문장 안에 의문사가 있으면
문장 끝에 어기조사 [吗]는 없애야 한다고 알아 둬.

민석 그럼 [네, 저는 중국인입니다, 당신도 중국인입니까?]는 뭐라고 하죠?

지연 제가 한번 말해 볼게요.

是的, 我是中国人。 Shìde, wǒ shì Zhōngguórén.

스~더, 워 스~ 쭝~궈렌~.

你也是中国人吗? Nǐ yě shì Zhōngguórén ma?

니 이에 스~ 쭝~궈렌~ 마?

샘 아주 잘했어.
是(shì 스~) 또는 是的(shìde 스~더)는 [네! 그렇습니다!] 하며
상대방의 질문에 대답하는 말이고,
也(yě 이에)는 [역시]라는 뜻의 부사거든.

준호 샘, 만일 중국인이 아니라면 뭐라고 대답하나요?

샘 그래, 질문 잘했다.
어떤 동작이나 상태를 부정할 때는
동사나 형용사 앞에 부정을 나타내는 부사 [不 bù 뿌]만 붙이면 땡이야.
뭐를 붙인다고?

지연 不!

샘   그리고 [아니오!]라는 대답은
[不 bù 뿌]나 [不是 bú shì 부 스~] 또는 [不是的 bú shì de 부 스~ 더]라고 해.
그래서 [아니오, 나는 중국인이 아닙니다]는,

不，我不是中国人。 Bù, wǒ bú shì Zhōngguórén.

뿌, 워 부 스~ 쭝~궈렌~.

[나는 중국인이 아니고 한국인입니다]는,

我不是中国人，是韩国人。

Wǒ bú shì Zhōngguórén, shì Hánguórén.

워 부 스~ 쭝~궈렌~ 스~ 한궈렌~.

이라고 하지. 쉽지?
이때 [不 bù]는 제4성 [是 shì] 앞에 있으니까 [bú] 제2성으로 읽는 건 기본이고.
아무튼 이 문장이 이해되니? 별로 어려운 건 아닌데……

준호   ……?

샘   [不 bù]는 원래 제4성이지만 같은 4성 앞에서는 2성으로 발음해. 좀 특별하지.

지연   지난 시간에 배웠잖아요.

샘   맞아.

민석   샘, 동사 [是]에 대해서 좀 정리해주세요. 아무래도 영 헷갈리네요.

샘   하하하! 그래? 자, 그럼 잘 봐.

A+是+B : A는 B이다.

A+不是+B : A는 B가 아니다.

A+是+B+吗? : A는 B입니까?

A+不是+B+吗? : A는 B가 아닙니까?

A+是不是+B? : A는 B입니까 아닙니까?

어때? 이제 알겠어?

민석 약간요.

지연 샘, 대답하거나 반문할 때도 여러 가지 표현이 있던데요.

샘 좋아. 시험에 잘 나오니까 민석이한테 도움이 되겠다.

是。 Shì. 스~ / 네. 그래요

是的。 Shì de. 스~더 / 네. 그렇습니다.

是吗? Shì ma? 스~ 마? / 그래요?

是不是? Shì bu shì? 스~ 부 스~? / 안 그래요?

不。 Bù. 뿌 / 아니요.

不是。 Bú shì. 부 스~ / 아닙니다

不是的。 Bú shì de. 부 스~ 더 / 아니에요

不是吗? Bú shì ma? 부 스~ 마? / 아닙니까?

[好 hǎo 하오]를 가지고 연습해 볼까?

好! Hǎo! 하오! / 좋아요!

不好。 Bù hǎo. 뿌 하오. / 싫어요.

好吗? Hǎo ma? 하오 마? / 좋습니까?

不好吗? Bù hǎo ma? 뿌 하오 마? / 싫습니까?

好不好? Hǎo bu hǎo? 하오 뿌 하오? / 좋아 싫어? 어때요?

이번에는 [对 duì 뛔이], [맞다]라는 말로 해보자.

对! Duì! 뛔이! / 맞아요!

不对。 Bú duì. 부 뛔이. / 틀려요.

对吗? Duì ma? 뛔이 마? / 맞습니까?

不对吗? Bú duì ma? 부 뛔이 마? / 틀립니까?

对不对? Duì bu duì? 뛔이 부 뛔이? / 맞아 틀려? 안 그래?

이 정도만 알면 중국인이 무슨 말을 했을 때 맞장구를 치거나 반문할
수 있어.

어려운 표현은 아니니까 꼭 외워두길 바란다.

민석   샘, [是不是? shì bu shì?] [好不好? hǎo bu hǎo?] [对不对? duì bu duì?]는

의문사도 없는데 왜 의문 어기조사 [吗]가 없지요?

샘   그래. 민석이가 그 질문을 안 했으면 실망할 뻔 했다.
음......, 중국어에서 [긍정+부정]의 형식,
즉 중간에 [不]를 넣고 같은 동사나 형용사를 반복한
[동사+不+동사]나 [형용사+不+형용사] 형식은,
[~합니까 안 합니까?]는 뜻으로 그 자체가 의문문이 되는 셈이야.
그래서 뒤에 [吗]를 붙이면 된다? 안 된다?

지연   안 된다!

샘   이것을 중국어 문법에서는 정반의문문(正反疑问文)이라고 해.
옳으냐 아니면 그 반대냐는 식으로 묻기 때문에 붙여진 용어거든. 뭐라고 한다고?

지연   정반의문문!

샘   이건 나중에 기회가 되면 다시 설명할게.

준호   아~ 또 그런 게 있군요. 그나저나 샘,
처음에 너무 많이 배우면 다 까먹으니까, 오늘은 여기까지만 했으면 좋겠어요.

샘   좋아, 집에 가서 꼭 복습해라.

지연   샘, 아직 4분 남았는데요.

준호, 민석   헐!

샘   그래, 지연아, 역시 넌 대단해. 준호, 민석이, 너희들 지연이 좀 본받아라!

준호, 민석   넵! 아니, 是!!

지연   阿美, 你是中国人吗?

아메이   是的, 你呢?

지연   我是韩国人!.

샘, 준호, 민석   ?!%#@

중국어를 아는 척은 했는데……

샘   모두 모였구나. 출석률이 좋은걸.
      자, 어제에 이어서 오늘은 중국인에게 어디에서 왔냐고 물어볼까?

您是从那儿来的? Nín shì cóng nǎr lái de? 닌 스~ 총 나알 라이 더?

/ 당신은 어디에서 오셨나요?

준호   샘, 너무 어려워요.

샘   어려울 거 하나 없어.
      중국어 문법이라는 게 워낙 단순해서 처음부터 차근차근 익히면 쉬워.
      자, [是]에 대해서는 이미 배웠지?
      근데 이 [是]가 [...이다]는 be동사 용법 말고 가장 흔히 쓰이는 경우가
      있어.
      그게 뭐냐 하면 바로 [是+...+的] 용법이라는 거야. 무슨 용법?

지연   [是...的] 용법이요.

샘   잘 들어봐.
      먼저 [从 cóng 총]은 [从+장소+...] 즉 [...에서, ...로부터]라는 전치사야,
      무슨 사?

지연   전치사!

샘   그리고 [哪儿 nǎr 나알]은 [어디] 즉 장소를 묻는 의문대사(疑问代词)이고.
      의문대사에 대해서는 내일 또 설명할게.
      여기서 꼭 알아야 할 것은 문장 앞쪽의 [是]와 문장 맨 끝의 [的],
      이 [是...的] 용법은 이미 발생한 동작의 시간·장소·방식 등을 강조하거나,
      때로는 주어에 대한 소속이나 속성을 강조할 때 사용하는 문장 형식이야.
      그럼 앞의 예문을 뭘 강조한 걸까?

지연 출발점 즉 장소를 강조한 거 아닌가요?

샘 맞았어. 즉 상대방이 [어디에서 왔느냐]고 하는 사실을 알고 싶은 거야.
그럼 중국에서 왔다고 대답해 볼까?

我是从中国来的。 Wǒ shì cóng Zhōngguó lái de.

워 스~ 총 쫑~궈 라이 더. / 나는 중국에서 왔어요.

민석 샘, 앞에서 나온 [你是哪儿来的?]는 의문문이 분명한데,
왜 문장 끝에 의문어기조사 [吗]가 없지요?

샘 쯧쯧쯧, 내가 설명했잖아.
[哪儿]은 장소를 묻는 의문대사이고,
중국어에서 문장 안에 의문대사가 있으면 원칙적으로 [吗]를 붙이지 않는다고.

지연 호호호! 네, 맞아요.
샘. 그럼 [是...的] 용법 중 다른 예는 없나요?

샘 지금 말해봐야 여러분의 단어 실력이 짧기 때문에 설명하기 곤란하구나.
다만 중요한 것은,
[是...的] 용법은 어디까지나 강조 형식이라는 점이야.
사실상 [是...的] 용법에서 앞의 [是]와 뒤의 [的]를 빼도 말은 되거든?
그저 의미상 차이가 좀 있을 뿐이지.
아래 두 문장을 비교해 보자.

我从中国来。 Wǒ cóng Zhōngguó lái. 워 총 쫑~궈 라이.

/ 나는 중국에서 왔어요.

我是从中国来的。 Wǒ shì cóng Zhōngguó lái de.

워 스~ 총 쫑~궈 라이 더. / 나는 중국에서 왔어요.(나는 중국에서 온 사람입니다.)

어때? [是...的] 용법을 사용하니까
막연히 [중국에서 오다]는 뜻이 [다른 곳이 아닌 중국에서 온 사람이다]
즉 [...은 ...한 ...이다]의 형식으로 이미 발생한 동작 중 출발 장소가 강
조되었지?

지연 네!

샘 이런 차이가 있다는 정도만 알면 돼. 아차, 또 한 가지!
긍정문에서는 [是...的]에서 앞의 [是]를 생략할 수 있지만,
부정문에서는 생략할 수 없다는 사실도 중요해.

你从中国来的吗? Nǐ cóng Zhōngguó lái de ma?

니 총 쫑~궈 라이 더 마? / 너 중국에서 왔니?

我从中国来的。 Wǒ cóng Zhōngguó lái de. 워 총 쫑~궈 라이 더.

/ 나는 중국에서 왔어.

我不是从中国来的, 我从韩国来的。

Wǒ bú shì cóng Zhōngguó lái de, wǒ cóng Hánguó lái de.

워 부 스~ 총 쫑~궈 라이 더, 워 총 한궈 라이 더. / 나는 중국에서 온 게 아니라 한국에서 왔어.

민석 아~! 가끔 [的]로 끝나는 중국어 문장들이 있어서 이상하다고 생각했었
는데,
이제 보니 [是...的] 용법에서 앞의 [是]가 생략된 거였구나!

지연 그걸 이제 알았니? 호호호!

준호 지연이는 아무래도 고급반으로 옮겨야겠다.

지연 그래도 기초가 중요하니까 확실히 짚고 갈려고요. 호호호!

샘 그래! 지연이 말대로 기초가 중요하지.

지금까지 배운 문장은 좀 어렵고 힘들더라도 전부 암기해. 알았지?

어려운 걸 미리 배워 놓아야 나중이 편해.

중국인을 만나서 바로 써먹기 위해서도 할 수 없고.

오늘은 여기까지 하자.

진도를 더 나가봤자 이해하지 못하면 헛수고니까.

지연   저야 학교에서 중국어 수업을 하기 때문에 괜찮지만

        준호 오빠랑 민석이는 처음이라 얼마나 어렵겠어요? 휴......

민석   송지연! 진짜 볼만하다!

지연   호호호! 내가 뭘?

샘   잘 됐네. 모르는 게 있으면 지연이한테 물어봐!

준호   솔직히 좀 복잡하긴 하지만 아직까지 크게 어려운 건 없어요.

샘   그럼 다행이고! 암튼 잘해보자!

준호, 민석, 지연 네에!

상대를 어떻게 불러야 할지.

샘   안녕. 음...... 오늘은 뭘 할까?

준호   샘, 이름은 어떻게 말합니까?

샘   좋아. 먼저 상대방의 이름을 묻고 자기 이름을 밝히는 법부터 알아보자.

请问，您贵姓? Qǐng wèn, nín guì xìng?칭 원, 닌 꾸이 씽?

/ 저, 성함이 어떻게 되시나요?

이 말은 중국인에게 이름을 묻는 가장 일반적인 표현이야.

[贵 guì 꾸이]는 [귀하다]는 뜻이지?

그런데 이 [贵]를 [姓 xìng 씽] 앞에 붙여 [贵姓 guì xìng 꾸이 씽]이라고 하면,

[귀한 성], 즉 성씨를 높인 말이 되는 거야.

여러분이 상대방이 다니는 회사를 높여 쓰는 귀사(贵社),

학교를 높여 귀교(贵校)라고 하지? 그거와 똑같아.

민석   샘, 이게 어째서 의문문입니까?

        의문어기조사 [吗]도 없고, 또 [무엇, 어떤]이냐는 의문대사도 없는데.

샘   그래. 이런 것을 관용적 표현이라고 해.

        이것은 마치 [당신 성이 무엇입니까?]를 [당신 성함이...?]이라고

        축약해서 묻는 방식과 같지.

        그러나 상대방이 내게 먼저 이렇게 물었을 때는 [贵]를 빼고,

我姓李。 Wǒ xìng Lǐ. 워 씽 리. / 저는 이(李) 가입니다.

라고 해야 해.

왜냐, [我贵姓李] 하고 [贵]를 붙이면,
[내 성함은……] 하며 자기 성을 스스로 높이는 꼴이 되니까 우습지 않겠어?

준호   샘, [您贵姓?]은 성을 묻는 것이지 이름을 묻는 건 아니죠?

샘   응. 하지만 [당신 성이 뭡니까?]하고 성만 묻는 것도 좀 그렇지?
그래서 사실상 [您贵姓?]이라 할 때는 어떤 의미에서는
성과 이름을 다 묻는 것이 되고,
또 특별한 경우가 아니라면 대답할 때도 성만 밝힐 것이 아니라
이름까지 모두 대는 게 일반적이야.

我姓朴, 我叫朴秀真。 Wǒ xìng Piáo, wǒ jiào Piáo Xiùzhēn.

워 씽 씽퍄오, 워 찌아오 퍄오 씨우쩐~. / 나는 성이 박(朴), 이름은 박수진이라고 해요.

여기서 [姓 xìng 씽]은 꼭 명사라기보다
[성이 …이다]는 동사적 의미로 해석하는 게 좋고,
[叫 jiào 찌아오]는 [부르다]는 뜻으로 이름을 밝히거나 물을 때 쓰면 돼.

민석   성 말고 이름만 따로 물을 수도 있습니까?

샘   당근이지. 친구나 동료나 아랫사람한데는 [你贵姓?]보다
[무엇]이냐는 뜻의 의문사 [什么 shénme 선~머]를 써서,

你姓什么? Nǐ xìng shénme? 니 씽 선~머? / 당신 성은 무엇입니까?

또 이름을 물을 때는,

你的名字叫什么? Nǐ de míngzi jiào shénme?

니 더 밍쯔 찌아오 선~머? / 네 이름은 뭐니?

我的名字叫宋知延。 Wǒ de míngzi jiào Sòng Zhīyán.

워 더 밍쯔 찌아오 쏭쯔~이엔. / 나의 이름은 송지연이야.

라고 하지.

지연   호호호! 내 이름이네.

민석   샘, [的 de 더]는 뭐죠? [是...的]의 용법도 아닌데요.

샘   날카로운 질문이다.
[的]는 문법에서 구조조사(构造助词)라고 해. 무슨 조사?

지연   구조조사!

샘   구조조사란 단어나 단어 결합 뒤에 붙어서 서로의 관계를 표시하는 조사를 말하는데, 여기에는 크게 3가지 용법이 있어.

첫째, [명사+的+명사]일 경우에 나오는 [的]은 [~의] 즉 소유 관계를 표시해.
그래서 [나의 이름]은 [我+的+名字]가 되는 거고,

둘째, 중국어에서는 특별한 경우를 제외하고 [형용사+명사]와 같이
형용사가 직접 명사를 수식하지 않고,
중간에 구조조사 [的]를 넣어서 [형용사(동사)+的+명사] 형식을 갖추거든.
이때 [的]는 [~한]의 뜻이지.
그래서 [예쁜 아이]는
[漂亮 piàoliang 퍄오리앙(형용사)+的+孩子 háizi 하이즈],
[먹을 것]은
[吃 chī 츠~(동사)+的+东西 dōngxi 똥시]라고 해.

셋째, [2개 이상 단어가 결합한 구+的+명사]의 형식으로도 쓰이는데,
이때 [的]은 [~이(가) ~한]의 뜻이거든.

그래서 [내가 간 곳]은 [(我+去 qù 취)+的+地方 dìfang 띠팡]이 되는 거야.

준호 뭐가 뭔지 잘……

샘 주목! 이때 [的] 앞에서 명사를 수식하는 말을 '관형어'라 하고,
뒤에서 관형어의 수식을 받는 말을 '중심어(中心语)'라고 해.
그러니까 [관형어+的+중심어]의 관계가 성립되는 셈이걸랑.
관형어는 중국어문법에서 한정어(限定语)라고도 하는데 명사를 수식하는 말이고,
중심어는 관형어의 수식을 받는 명사를 가리키지.
애네 둘 즉 관형어와 중심어 사이에 구조조사 [的]가 끼어든다는 얘기야.

준호 아~

민석 [什么 shénme 선~머]에 대해서도 설명해 주세요.

샘 중요한 것들이 자꾸 나오니 입을 다물 수가 없구나.
[什么]는 [무엇]이냐고 묻는 말인데,
이렇게 의문을 나타내는 말들을 문법에서는 의문대사(疑问代词)라고 한다고 했지?
음……, 기왕 얘기가 나왔으니 확실히 짚고 넘어가자.
중국어 문법에서는
명사·동사·형용사·수사·부사를 대신하는 낱말을 대사(代词)라고 해.
뭐라고 한다고?

지연 대사!

샘 대사는 미국대사 중국대사 할 때 대사가 아니라, 중국어 문법용어야.
이 대사는 인칭대사·지시대사·의문대사로 나뉘는데,
솔직히 지금 미리 알아두는 게 나중에 10배는 편할 것 같아서 부담스럽지만 전부 밝힐게.

1. 인칭대사

단수

我 wǒ 워 / 나

你 nǐ 나 / 너, 당신

他 tā 타 / 그 남자

她 tā 타 / 그 여자

它 tā 타 / (사람이 아닌 동물이나 사물)

自己 zìjǐ 쯔지 / 자기, 자신

别人 biéren 삐에렌~ / 다른 사람, 남

복수

我们 wǒmen 워먼 / 우리들

你们 nǐmen 니먼 / 어희들, 당신들

他们 tāmen 타먼 / 그 남자들, 그 사람들

她们 tāmen 타먼 / 그 여자들

它们 tāmen 타먼 / 그것들

大家 dàjiā 따찌아 / 여러분

이때 [们 men 먼]은 복수형 접미사야.

그러니까 명사에 们을 붙여 [명사 + 们] 형식을 취하면 단수가 복수로 변해.

민석   샘, [您们]이 빠졌어요?

샘   아, 그거? 중국어에서 [你们]의 존칭으로 [您们]이라는 말은 사용하지 않아. 이상하지? 아마 [大家 dàjiā 따찌아]와 [各位 gèwèi 꺼웨이]가 있어서 그런가 보다.

2. 지시대사

这 zhè 쪄~ / 이, 이것

这里 zhèli 쩔~리 / 여기, 이곳

这儿 zhèr 쪄~알 / 여기, 이곳

这么 zhème 쩌~머 / 이렇게

这样 zhèyàng 쩌~양 / 이렇게

那 nà 나 / 저, 저것, 그, 그것

那里 nàli 날리 / 저기, 저곳, 거기, 그곳

那儿 nàr 나알 / 저기, 저곳, 거기, 그곳

那么 nàme 나머 / 저렇게, 그렇게

那样 nàyàng 나양 / 저렇게, 그렇게

每 měi 메이 / 매, …마다

各 gè 꺼 / 각, 각각

3. 의문대사

谁 shéi 셰~이 / 누구

哪 nǎ 나 / 어느, 어떤

哪儿 nǎr 나알 / 어디, 어느 곳

哪里 nǎli 날리 / 어디, 어느 곳

什么 shénme 선~머 / 무엇, 무슨, 어떤

怎么 zěnme 전머 / 어떻게, 왜

怎样 zěnyàng 전양 / 어떻게, 어때?

怎么样 zěnmeyàng 전머양 / 어때?

几 jǐ 찌 / 몇(주로 10 이하의 수)

多少 duōshao 뛰쌰~오 / 얼마, 얼마나

哪位 nǎwèi 나웨이 / 어느 분

휴~ 숨이 다 차네.

준호   샘, 너무 많아요.

지연   후훗~ 많긴 뭘, 나야 벌써 다 아는 것들인데……

샘   그래도 크게 어려운 건 없으니까 까짓 거 줄줄 다 외워 버려.
     민석아, 이제 [什么 shénme 선~머]가 뭔지도 잘 알았으니,

이게 무슨 말인지 알아 맞춰봐.

你叫什么名字? Nǐ jiào shénme míngzi? 니 찌아오 션~머 밍쯔?

민석 [너는 이름이 뭐냐]는 묻는 거 아닌가요?

샘   맞았어! 그럼, 또 이건 무슨 말이지?

我姓张, 名字叫俊浩。 Wǒ xìng Zhāng, míngzi jiào Jùnhào.

                워 씽 쨩~, 밍쯔 찌아오 쮠하오.

준호 나는 성이 장이고, 이름은 준호이라고 합니다.

샘   맞았어. 당연히 준호가 대답했어야지. 자기 이름인데.
    민석이도 한번 네 이름을 말해 봐.

민석 네.

我叫李民石, Wǒ jiào Lǐ Mínshí, 워 찌아오 (을)리 민스~,

              / 나는 이민석이라고 하는데,

木子'李', 民国的'民', 石头的'石'。
mùzi 'lǐ', mínguó de 'mín', shítou de 'shí'. 무쯜 '리', 민궈 더 '민', 스~터우 더 '스~'.
            / 木子의 '李', 민국의 '민', 돌멩이의 '석'입니다.

샘   아니 그런 표현을 어떻게 알았니?

민석 예전에 중국인이 가르쳐 주었어요.

샘   그랬구나. 모두 알다시피
    중국어의 한자는 글자는 달라도 발음이 같은 것들이 많기 때문에

자기 이름에 사용된 한자를 이런 식으로 풀어서 말해 주면
듣는 사람이 그것이 어떤 글자인지 정확히 알 수 있어 좋지.

준호   샘, [什么]가 [무엇]이라는 뜻이지만,
또 명사 앞에서 명사를 수식해서 [어떤·무슨]의 뜻으로도 쓰이기도 하죠?

샘   잘 지적했다.
그래서 중국어 문법에서는 때로는 명사로,
때로는 형용사로 쓰이는 이런 것들을 통틀어 대사(代词)라고 한 거야.
뭐라고 한다고?

지연   대사!

샘   이상, 오늘 수업 끝!

준호, 민석, 지연   谢谢, 老师!

만나서 반갑네요.

샘 자, 어제는 이름을 묻고 밝혔으니까
오늘은 [만나서 반갑다, 알게 되어 기쁘다]는 말부터 해보자.

见到你很高兴。 Jiàndào nǐ hěn gāoxìng. 찌엔따오 니 헌 까오씽.

认识你很高兴。 Rènshi nǐ hěn gāoxìng. 렌~스~ 니 헌 까오씽.

그리고 상대방이 이렇게 말하면 나도 그렇다고 대답해야 정상이겠지.

我也很高兴认识你。 Wǒ yě hěn gāoxìng rènshi nǐ.

워 이에 헌 까오씽 렌~스~ 니. / 저 역시 알게 되어 기뻐요.

단어 [高兴 gāoxìng 까오씽 / 기쁘다, 반갑다], [认识 rènshi 렌~스~ / 알다]

민석 샘, 다른 건 다 알겠는데요.
[见到 jiàdào 찌엔따오]의 [到 dào 따오]는 뭔지 잘 이해가 안 돼요.

샘 이런? 초보자들에게 자꾸 문법을 설명하게 되어 좀 거시기하네.
하긴 문법적으로 이해를 해야 문장을 제대로 외울 수 있으니 하는 수 없지.
사실 중국어 문법이라는 게 완전 단순해서 영어 문법의 10분의 1도 안 돼.

준호 정말요?

샘 허허, 그럼 내가 거짓말할까? 정말이라니깐.

20일 정도만 지나면 사실상 문법은 다 끝나게 되어 있어.
그러니까 좀 지루해도 착실히 설명을 들어, 알겠지?

준호, 민석   네!

샘   여기에서 나온 [到]는 보어라고 해. 뭐라고 한다고?

지연   보어!

샘   그래. 그런데 보어를 영어처럼 [I am a boy]에서 [boy]가 주격보어고,
[I made him a soldier]에서는 [soldier]가 목적격보어다!
하는 식으로 생각하면 큰일 나. 왜?
중국어의 보어는 동사나 형용사 뒤에 붙어서 그 뜻을 보충해주는 낱말
이니까.

민석   그런 거로군요. 금시초문인데요.

샘   자, 어디 볼까?
[见]은 [보다]라는 동사지?
그런데 뒤에 보어 [到]가 붙으면 [보게 되다]
즉 어떤 동작이 성취된다는 의미를 보충해 주 걸랑.
그렇기 때문에 말 그대로 보어라고 하는 거야.
보어는 앞으로도 계속 나오니까 나중에 또 설명할게.

민석   그럼 왜 [알다, 인식하다]는 뜻의 [认识 rènshi 런~스~]에는
보어 [到]를 붙여 [认识到]라고 안 했죠?

샘   하하하! 습관적으로 그렇게 쓰는 걸 낸들 어떡하나.
여러분도 친구한테 [너 밥을 먹었니?]라고 안 하고,
[너 밥 먹었니?]라고 하지?
그냥 그런 식의 언어 습관상 차이로 보면 좋겠어.

지연   호호호, 맞아요!

준호   [앞으로 잘 부탁드립니다]는 뭐라고 합니까?

샘 그래, 초면에 그런 말도 빼 놓을 수 없지. 이때는,

以后请多多指教。 Yǐhòu qǐng duōduō zhǐjiào.

이허우 칭 뚸뚸 즈~찌아오 / 앞으로 많이 지도해 주세요.

또는 그냥 간단히,

请多多帮助。 Qǐng duōduō bāngzhù. 칭 뚸뚸 빵쭈~. / 많이 도와주세요.

라고 하면 돼.
그리고 상대방이 먼저 이렇게 말하면 가만히 있지 말고,

彼此彼此, 不要客气。 Bǐcǐ bici, búyào kèqi.

삐츠삐츠, 뿌야오 커치. / 서로 마찬가지니까, 격식을 차리지 마세요.

라고 대꾸하는 것도 나쁘지 않아.

단어 [指教 zhǐjiào 즈~찌아오 / 지도하다], [帮助 bāngzhù 빵쭈~ / 돕다],
[彼此 bǐcǐ 삐츠 / 피차, 서로]

민석 샘, [要 yào 야오]는 또 뭐죠?

샘 여기서 [要]가 뭔지는 몰라도 [不要 búyào 뿌야오]는 [要]의 반대말이겠지?
이때 [要]는 조동사라고 해. 뭐라고 한다고?

지연 조동사!

샘 이 [要]는 원래 [...을 필요로 하다, ...을 갖겠다]는 동사지만,
여기서는 동사 앞에서 [...하겠다, ...해야 한다]는 뜻의 조동사로 사용된

거야.

자기가 [我不要+어쩌고저쩌고] 하면 [나는 …하지 않겠다]는 이야기고,

상대방에게 [不要…]라고 하면, […하지 마세요]라는 금지를 나타내는 명령문이 되지.

민석   조동사는 영어와 마찬가지로 동사 앞에 붙는 건가요?

샘   맞아. 이러한 조동사는 여러 가지가 있는데 내일 설명할게.

그리고 [客气 kèqi 커치]는 [사양하다, 격식을 갖추다]는 말이야.

혹시 질문 있나?

준호   샘, [不要客气 Búyào kèqi 뿌야오 커치] 말이죠,

[客气]는 우리말로 [객기]인데,

혹시 술 먹고 객기를 부린다는 뜻은 없나요?

샘   하하하! 웃기지마. 그때 객기는 혈기(血气)라는 뜻의 일본말이야.

그러니까 술 먹고 혈기 부린다는 얘기지.

준호   헐!

지연   샘, [不要客气]는 상대방이 고맙다며 [谢谢 xièxie 씨에시에]라고 할 때,

[아닙니다, 뭘요, 천만에요]라는 대답으로 사용한다고 학교에서 배웠는데요.

샘   맞아. 이참에 몇 마디 관용 표현을 가르쳐 줄게.

이런 표현들은 묻지도 따지지 말고 무조건 외워 둬.

상대방이 고맙다고 할 때는

[不客气 Bú kèqi 뿌 커치],

[不要客气 Búyào kèqi 뿌야오 커치],

[不要]와 같은 뜻인 [别 bié 삐에]를 써서 [别客气 Bié kèqi 삐에 커치],

또는 더 간단하게 [不谢 Bú xiè 뿌 씨에]라고도 하지.

谢谢。 Xièxie. 씨에시에 / 고맙습니다.

不客气。 Bú kèqi. 뿌 커치. / 천만에요.

不要客气。 Búyào kèqi. 뿌야오 커치. / 사양하지 마세요.

别客气。 Bié kèqi. 삐에 커치. / 사양하지 마세요.

不谢。 Bú xiè. 뿌 씨에. / 고맙긴요.

상대방이 미안하다고 할 때는,
[没关系 Méi guānxi 메이 꽌씨]나 [没有关系 Méiyǒu guānxi 메이여우 꽌씨]라고 해.

对不起。 Duìbuqǐ. 뛔이부치 / 미안합니다.

没关系。 Méi guānxi. 메이 꽌씨. / 괜찮습니다.

没有关系。 Méiyǒu guānxi. 메이여우 꽌씨. / 괜찮습니다.

그리고 상대방이 나를 칭찬할 때는
[过奖, 过奖 Guòjiǎng, guojiang 꿔지앙, 꿔지앙],
[哪里, 哪里 Nǎli, nali 날리, 날리],
[哪儿的话 Nǎr de huà 나알 더 화]라고도 하거나,
그냥 [谢谢!] 즉 [고맙다]고 말해도 상관없어.

만일 누가 지연이한테,

宋小姐, 你真漂亮。 Sòng xiǎojie, nǐ zhēn piàoliang.
쏭 씨아오지에, 니 쩐~ 퍄올리앙. / 미스 송, 당신 정말 예쁘군요.

라고 한다면, 이렇게 대답해야지.

过奖, 过奖! Guòjiǎng guojiang! 꿔지앙, 꿔지앙! / 과찬이세요!

哪里, 哪里! Nǎli, nali ! 날리, 날리! / 어디가요? 천만에요!

哪儿的话! Nǎr de huà! 나알 더 화! / 무슨 말씀이세요!

단어 [漂亮 piàoliang 퍄오리앙 / 예쁘다], [过奖 guòjiǎng 꿔지앙 / 과찬하다]

지연   샘, 사실 제가 [你很漂亮 Nǐ hěn piàoliang 니 헌 퍄오리앙] 하는 소리를
자주 듣는 편인데요. 그럴 때 그냥 [谢谢]라고 대답해도 되나요?

준호, 민준   허걱!

샘   당연하지!

지연   네에, 호호호!

준호   [真 zhēn 쩐~]은 [很 hěn 헌]과 같은 뜻입니까?

샘   비슷하지만 같지는 않아.
왜냐면 [真 zhēn]은 [정말, 진짜]이고, [很 hěn]은 [매우]라는 말이거든?
그런데 중국어에서 이 [很]은 꼭 [매우]라는 의미가 아니더라도
습관적으로 그냥 붙일 때가 많아.
그러니까 상대방이 내게 [你很漂亮]이라고 한다고 해서
뭐 꼭 [엄청 예쁘다]는 말은 아니니까 너무 좋아할 필요는 없어.

준호, 민석   아, 네~

샘   헐!

민석	아까 말씀하신 것 중
	[没关系], [没有关系]에서 [没 méi. 메이]와 [没有 méiyǒu 메이여우]에 대해
	설명해 주시지 않았어요.
샘	아, 맞다. [没]와 [没有]는
	모두 [있다, …을 가지고 있다]는 [有 yǒu 여우]의 반대말로서
	[없다, …을 가지고 있지 않다]는 뜻이고,
	[关系 guānxi 꽌씨]는 [관계]니까,
	[没关系]와 [没有关系]는 [관계없다] 즉 [괜찮다]는 말이야.
	[没]와 [没有]에 대해서는 설명할 게 또 있지만 다음에 하기로 하자.
	일단 중국어에서 절대 [不有]라는 말은 하지 않는다는 사실만 기억해라.
지연	네!
민석	샘, [对不起 duìbuqǐ 뛔이부치]는요?
샘	한자 그대로 해석하면 [대하다(对)+일어나지 못하다(不起)],
	그러니까 [얼굴을 들고 대하지 못 하겠다], 즉 [면목이 없다, 미안하다]
	는 말이지.
준호	아하!
샘	오늘은 강의는 여기까지!

계속 몇 마디 더 해보자.

준호 샘, [小姐 xiǎojie 씨아오지에]가 뭡니까?

샘 어제 안 배웠나?
[小姐]는 아가씨나 아주머니를 가리켜 부르는 통칭이야.
남자의 경우는 보통 [先生 xiānsheng 시엔성~]이라고 하지.
그러니까 중국에 가서 처음 만나는 아가씨나 아줌마는 [小姐],
청년이나 아저씨는 [先生]이라고 부르면 무리가 없어.

민석 그런데 어떤 책에 보니까 [同志 tóngzhì 통쯔~]라고 되어 있던데요?

샘 아, 그건 중국 공산당원이나 자기들끼리 '동지'라고 부르는 말이야.
요즘엔 이것이 변해 '게이'라는 의미로도 쓰이거든?
그래서 [他是同志. Tā shì tóngzhì. 타 스~ 통쯔.]라고 하면 [그는 게이다]가
된다니까.

민석 대박이다!

샘 그리고 [小姐]도 가령 [他是小姐.]라고 하면,
[그녀는 (밤에 출근하는) 아가씨다]는 뜻도 돼. 무슨 뜻인지 알겠지?

준호, 민석 아~

샘 쓸데없는 소리를 한 거 같구나.

민석 아니에요. 샘, 요즘 세상에 알 건 알아야죠.

준호 샘, [漂亮]은 [예쁘다]인데, 그럼 남자한테는 뭐라고 합니까?

샘 남자의 경우는 예쁘다는 표현보다 잘생겼다고 하는 게 어울리겠지?
이때는 보통 [帅 shuài 슈~와이]를 써.

你很帅。 Nǐ hěn shuài. 니 헌 슈~와이. / 너 참 잘생겼다.

我们班的男同学都很帅。

Wǒmen bān de nán tóngxué dōu hěn shuài.

워먼 빤 더 난 통쉬에 또우 헌 슈~와이. / 우리 반 남학생들은 모두 잘생겼다.

지연

老师，我们班的女同学呢?

Lǎoshī, wǒmen bān de nǚ tóngxué ne?

(을)라오스~, 워먼 빤 더 뉘통쉬에 너? / 선생님, 우리 반 여학생은요?

준호 어? 애가 인제 중국어로 막 하네?

샘 하하하! 지연이 네 생각은 어떤데? 우리 반에 여학생은 너 한 명이잖아?

지연

她真漂亮。 Tā zhēn piàoliang. 타 쩐~ 퍄오리앙. / 그녀는 정말 예쁘다.

준호 쩝. 정신 감정을 받아야 하겠다. 심각한 수준이야….

샘 잘했다. 지연이처럼 자꾸 과감하게 말을 해야 중국어가 팍팍 늘어.

지연 호호호!

민석 샘, [我们班的男同学都很帅]에서요.
이때 남학생들은 복수니까
[男同学] 뒤에 복수접미사 [们 men 먼]을 붙여야 하는 거 아니에요?

샘 그래, 접미사 '们'은 인칭대명사 뒤에 붙어 [...들]이라는 복수를 나타내
지만,
이런 경우가 있으니까 조심해. 예를 들면 금방 이해할 수 있을 거야.

우리는 학생이다.

我们是学生。 Wǒmen shì xuésheng. 워먼 스~ 쉬에셩~.(○)

我们是学生们(×)

15명의 사람

十五个人 shí wǔ ge rén. 스~ 우 꺼 런~(○)

十五个人们(×)

많은 사람들이 다 중국인이다.

很多人都是中国人。 (○) Hěn duō rén dōu shì Zhōngguórén.

헌 뚸 런~ 또우 스~ 쫑~궈런~.

很多人都是中国人们(×)

준호   같은 단어라도 우리말과 쓰임이 다른 게 있군요.

샘   그렇지.

민석   샘, 그리고 있잖아요.
     앞에서 구조조사 [的 de 더]에 대해 배웠는데,
     그럼 [我们班]을 [我们的班]이라고 해야 하는 거 아닌가요?

샘   좋은 질문이다.
     여러분도 [우리 아버지, 우리 학교, 우리 회사, 우리나라]라고 말하지
     [우리의 아버지, 우리의 학교, 우리의 회사]라고는 잘 안 하잖아?
     중국어도 마찬가지야.
     그래서 자기 친족이나 소속을 나타낼 때는
     [~의]라는 뜻의 구조조사 [的]를 흔히 생략하거든.

준호   아, 그렇구나!

샘   어? 벌써 시간이 이렇게 되었어? 내일 보자.

好了, 时间到了, 明天见!

Hǎo le, shíjiān dào le, míngtiān jiàn!

하올 러, 스~찌엔 따올 러, 밍티엔 찌엔!

준호   [时间 shíjiān 스~찌엔]은 [시간]인데, [到了 dào le 따올 러]는 뭘까?

지연   모르세요?

         [到 dào]는 [오다, 가다, (시간이) 되었다]는 뜻의 동사구요,

         [了 le (을)러]는 문장 끝에 붙어서 완료를 나타내는 어기조사예요.

준호   그럼 여기 나오는 [到]는 우리가 앞에서 배운

         [见到你很高兴]의 [...하게 되었다]는 뜻으로

         동사 뒤에 붙는 보어 [到]와 다른 건가?

지연   호호호! 그럼요.

         [见到你]의 [到]는 동사 뒤에 붙어 동사의 뜻을 보충해 주는 보어구요,

         [时间到了]의 [到]는 순전히 동사로 사용된 거예요.

         [到]는 용법이 엄청 많아요.

준호   또 뭐가 있는데?

지연   [...에, ...로]라는 장소 앞에서 방향을 나타내는 전치사로 쓰일 때도 있어요.

         예를 들어 볼게요..

         我碰到他了。Wǒ pèngdào tā le. 워 펑따오 탈 러. / 나는 그를 만나게 되었다.(보어)

         他们已经到了。Tāmen yǐjīng dào le. 타먼 이찡 따올 러. / 그들은 이미 도착했다.(동사)

         我到中国来了。Wǒ dào Zhōngguó lái le. 워 따오 쯍~궈 라일 러. / 나는 중국에 왔다.

                                                 (전치사)

준호   지연이, 넌 자세히도 아는구나.

지연   아니에요. 뭐 겨우 이 정도 가지고.

나중에 잘 모르는 게 있으면 또 물어 보세요. 호호호~
아참! 그리고 아까 샘이 말한 [好了 hǎo le 하올 러]는 무슨 뜻인지 아세요?

준호   그야 [좋았다]는 뜻이겠지.

지연   어휴, 내 그럴 줄 알았다니까. 아니에요!
물론 [好] 뒤에 [了]가 붙은 [好了]는 [좋았다, 좋아졌다] 뜻이지만,
방금과 같은 경우는 [됐다, 충분하다, 이제 그만해]라는 의미거든요.
몰랐었죠? 호호호!

준호   역시 중국어과 학생이라 뭔가 다른 걸……. 힘내자, 장준호!

한국에 오신 것을 환영합니다.

샘   안녕, 출석을 빠짐없이 해 줘서 고맙다.
첨부터 너무 어렵게 가르친다고 중도에 포기하는 사람은 없을까봐 걱정했는데.

준호   그런 말씀 마세요. 우리 모두 열심히 할 거예요.
그나저나 샘, 중국인을 환영할 때는 어떻게 말합니까?

샘   그래, 오늘은 한국에 온 중국인과 초면에 나누는 여러 가지 말들을 공부하자.
먼저 한국에 온 것을 환영한다고 말해볼까?

欢迎你来韩国。   Huānyíng nǐ lái Hánguó.   환잉 닐 라이 한궈.

/ 한국에 오신 것을 환영합니다.

민석   한국에는 처음 왔냐고 묻고 싶어요.

샘   이때는,

你第一次来韩国吗?   Nǐ dì yí cì lái Hánguó ma?

니 띠이츨 라이 한궈 마? / 한국에는 처음 오십니까?

라고 하면 되는데,
처음·두 번째·세 번째 하는 말은 각각
[第一次 dì yí cì 띠이츠], [第二次 dì èr cì 띠알츠], [第三次 dì sān cì 띠싼츠]라고 하고,
앞의 [第 dì 띠]를 빼면 안 돼. 알았지?

준호   대답할 때는요?

샘   여러 가지 나올 수가 있겠지.

我第一次来韩国。 Wǒ dì yí cì lái Hánguó. 워 띠이츨 라이 한궈.

/ 나는 한국에 처음 왔어요.

만일 두 번째, 세 번째 왔다면
[第一次] 자리에 [第二次], [第三次]라는 말만 착착 넣어 주면 돼.

준호   자주 오는 경우는요?

샘   그때는 이렇게 말하면 돼.

我常常来这儿，已经来了很多次了。

Wǒ chángcháng lái zhèr,   yǐjīng lái le hěn duō cì le.

띠워 챵챵 (을)라이 쩌~알, 이찡 라일 러 헌 뚸 츨 러. / 나는 자주 여기에 와요. 벌써 여러 번 왔어요.

민석   샘, 그런데요.
[我第一次来韩国]에서 [来]를 [왔어요]라고 해석했는데, 그렇게 하려면
동사 [来] 뒤에 완료를 나타내는 동태조사 [了]가 붙어야 하는 거 아니
에요?

샘   맞아. 그런데 중국어는 시제가 영어처럼 확실하게 구분되어 있지는 않아.
그래서 [我来]라고 한다고 해도 상황에 따라서
[나는 온다], [나는 왔다], [나는 올 거야] 등 여러 가지 시제로 해석할
수 있거든?

민석   아......!

샘   또 이런 게 있어.
음......, 완료를 나타내는 동태조사 [了]도 말이야.
경우에 따라서는 [~했다]가 아니라,

[~하고 난 후 ~하겠다]는 미래의 뜻으로 쓰이기도 하지.
다시 말해서, 중국어에서 말하는 동작의 완료는
동작을 실행하는 단계일 뿐 시간과는 무관해. 예문을 하나 들어볼게.

吃了饭再说吧。 Chī le fàn zài shuō ba.. 츨~ 러 f판 짜이 슈~어 바.

/ 밥 먹고 나서 얘기하자.

어때? 밥[饭]을 아직 안 먹었는데 [吃] 다음에 [了]가 붙었지?
그래서 말인데, 동작은 과거·현재·미래에 발생함을 막론하고
모두 [...을 했다, ...을 한 다음]과 같은 완료의 입장에서 사용된다는 얘
기야.

준호 아~ 대충 이해는 가네요.

민석 샘, [来了很多次了]에서 앞의 [了]는 뭐고 뒤의 [了]는 뭡니까?

샘 앞의 [了]는 동태조사, 뒤의 [了]는 어기조사인데,
이렇게 2개를 같이 쓰면
이번에 왔지만 앞으로도 계속 오겠다는 의미를 내포한다고나 할까?
다시 말해서 동작이 완료되고 나서도 그것이 끝이 아니라
같은 동작이 계속 진행될 거라는, 뭐 그런 뉘앙스야.

준호 샘, 그냥 전에 온 적이 있냐고 물어보려면 뭐라고 합니까?

샘 좋은 질문이다.
덕분에 중요한 문법 사항이 또 하나 등장하게 되었구나.
그것이 뭐냐 하면 바로 동태조사 [过 guo 꿔]! 무슨 조사?

지연 동태조사!

샘 이 동태조사 [过]는 동사 뒤에 붙어 [...한 적 있다]는 경험을 나타내거든.
그래서 전에 온 적이 있냐고 물으려면,

你以前来过吗? Nǐ yǐqián lái guo ma? 니 이치엔 (을)라이 꿔 마?

/ 당신 전에 온 적 있어요?

라고 해. 이때 온 적이 있다면,

是的, 我以前来过。 Shìde, wǒ yǐqián lái guo.

스~더, 워 이치엔 (을)라이 꿔. / 네, 나는 전에 온 적 있어요.

하면 되겠지.

민석　온 적이 없다면요?

샘　　만일 온 적이 없다며 [...하지 않았다, ...한 적이 없다]가 될 텐데.
　　　과거 동작을 부정하기 위해서는 어떻게 해야 할까?
　　　이때는 동사 앞에 [没 méi 메이]나 [没有 méiyǒu 메이여우]를 붙여
　　　[没(没有)+동사+过]의 형식으로 사용해야 해.
　　　음......, 이것이 오늘 강의의 짱 중요한 대목이 되겠다.

没有, 我以前没有来过。 Méiyǒu, wǒ yǐqián méiyǒu lái guo.

메이여우, 워 이치엔 메이여우 (을)라이 꿔. / 아니요. 나는 전에 온 적 없어요.

민석　샘, [没]·[没有]에 대해서 배운 것 같긴 한데, 더 구체적으로 설명해 주
　　　세요.

샘　　그래, 중요하니까 잘 들어봐.
　　　원래 [有 yǒu 여우]는 [있을 有]자, 즉 [있다, ...을 가지고 있다]는 동사야.
　　　그런데 이 [有]를 부정해서 [없다, 가지고 않다]라고 하려면,
　　　동사 앞에 부정부사 [不]를 붙이면 절대 안 되고,
　　　반드시 [没]나 [没有]를 붙여야 해. 무슨 말인지 알겠니?
　　　왜 앞에서 잠깐 얘기한 적 있잖아?

민석　글쎄요.

지연   호호호!

샘   방금 설명한 그대로야. 예문을 들어볼게.
        [나는 시간이 있다]를 중국어로 하면,

        我有时间。 Wǒ yǒu shíjiān. 워 여우 스~찌엔.

        라고 말하면 되는데,
        이 문장의 부정형식 즉 [나는 시간이 없다]는
        [我不有时间]이라고 하면 틀리고
        꼭 [我没有时间 Wǒ méiyǒu shíjiān. 워 메이여우 스~찌엔]이라고 해야 한다는
        거지.

준호   아~

샘   지연아, 네가 다른 예를 좀 들어봐라.

지연   네, [그는 중국인 친구가 있다 / 없다]는 말을 한번 해볼게요.

        他有中国朋友。 Tā yǒu Zhōngguó péngyou. 타 여우 쫑~궈 펑여우.
        他没有中国朋友。 Tā méiyǒu Zhōngguó péngyou. 타 메이여우 쫑~궈 펑여우.

샘   어때, 준호야, 알겠어?

준호   네~ 알겠어요.

샘   민석이는? 이해가 되니?

민석   네, 샘, 쉽네요.

지연   그런데 샘, [没]나 [没有]가 과거의 동작을 부정하기도 한다는 거죠?

샘   그래, 지연이가 얘기 잘했다.
        무지무지 중요한 사항이라 천천히 설명할게.
        음……, 동사를 부정하려면 그 앞에 뭐가 있어야지?

준호 [不]요.

샘 그래, [不]가 있어야지?
[不]는 [한다]를 [안 한다], 즉 현재의 어떤 동사를 부정하는 경우에 쓰거든.
그런데 만일 [했다] 즉 완료나 과거의 동작을 [안했다],
또 미래지만 [아직 하지 않았다]라고 부정하려면,
동사 앞에 [不]를 붙이면 안 되고 반드시 [没]나 [没有]를 붙여야 한다는 거야.
예를 들어서 [나는 간다]는 [我去]라는 문장을 갖고 말해보자.

我去。Wǒ qù. 워 취. / 나는 간다.
我不去。Wǒ bú qù. 워 뿌 취. / 나는 안 간다.   [不+동사]

我去了。Wǒ qù le. 워 췰 러. / 나는 갔다.
我没有去。Wǒ méiyǒu qù. 워 메이여우 취. / 나는 가지 않았다.
                            [没有+동사+끝에 '了' 없앨 것]

你去了吗? Nǐ qù le ma? 니 췰 러 마? / 너 갔었니?
还没有! Hái méiyǒu. 하이 메이여우! / 아직 안 갔어!
                    [没有가 '아직 …을 안 했다'는 대답으로만 사용될 때]

준호 아하!

샘 그래서 동태조사 [过]를 사용한
[전에 온 적이 없어요]라는 [我以前没有来过]의 경우도
이미 지난 과거 사실을 부정하는 말이니까
당연히 [不] 아닌 [没有]를 동사 [来] 앞에 붙인 거야.

민석 샘, 그냥 [没有]라고만 하는 경우도 있죠?

샘 응, 과거에 […을 안 했다] 또 미래에 [아직 …을 안 했다]든지

우리말로 해석할 때 [...을 안 했다]고 할 때는
[没]나 [没有]를 동사 앞에 붙여야 하고,
대답할 때도 [不, 不是]라고 안하고 [没有]라고 하지.
그러니까 [没有, 我以前没有来过.]에서
앞의 [没有]는 [아니오!]라는 대답이고,
뒤의 [没有]는 지난 사실을 부정하는 부정부사로 사용된 거야.

민석 샘, 하지만 [我去了]를 부정할 때
왜 동작의 완성을 나타내는 문장 끝의 조사 [了]는 빼는 거지요?

샘 잘 지적했다. 하지만 복잡하게 따지지 말고
그냥 완료나 과거동사를 부정하는 [没有]가 앞에 있으면
원칙상 어기조사든 동태조사든 [了]는 없어야 된다고 알아둬.
이를테면 [동사+了]를 부정할 때
[没有+동사+了(없애라)]의 원칙을 지키라는 얘기야.
물론 예외는 있지만 그다지 중요한 사항은 아니니까 지금 신경 쓸 건 없고.
이상으로 오늘 수업을 마치겠다. 질문 있어?

지연 샘, 어기조사와 동태조사의 차이가 있나요?

샘 일단 문장 끝에 붙은 것들은 전부 어기조사로 보면 돼.
어기조사와 동태조사는 동일한 의미를 갖기도 하니까.

민석 아......

준호 샘, 오늘은 특별히 중요한 것들을 많이 공부한 것 같아요.

샘 그러니까 집에 가서 복습 많이 해야 한다.

준호 네, 알겠습니다.

지연 별로 어려운 것들도 아닌데 너무들 오버하는 거 아니에요? 호호호!

준호, 민석 허걱!

한국에는 왜 오셨나요?

샘   오늘은 어제에 이어 중국인에게 한국에 온 목적을 물어 볼까?

你这次来韩国的目的是什么?

Nǐ zhècì lái Hánguó de mùdì shì shénme?

니 쪄~츨 라이 한궈 더 무띠 스~ 션~머? / 당신이 이번에 한국에 온 목적은 무엇입니까?

[这次 zhècì 쪄~츠]는 [이번],

[上次 shàngcì 쌍~츠]는 [지난 번],

[下次 xiàcì 씨아츠]는 [다음 번]이라는 말이야.

[次]는 동작의 횟수나 차례를 나타내는 일종의 양사(量词)인데,

양사에 대해서는 다음에 또 설명할게.

그리고 목적 즉 [目的 mùdì 무띠]의 [的 de 더]는 [dì 띠]로 발음하는데,

이렇게 같은 글자가 다르게 발음되는 글자를 다음자(多音字)라고 해.

뭐라고 한다고?

지연   다음자!

샘   다음자는 별로 많지 않으니까 나중에 한꺼번에 정리해 줄게.

준호   샘, 초급치고는 문장이 너무 길어요.

지연   호호호! 샘, 제 생각에는 [你这次来韩国+的+目的]에서

[的] 앞에 있는 건 모두 관형어,

[的]는 구조조사,

[的] 뒤에 [目的]는 관형어의 수식을 받는 중심어(中心语) 같은데, 그렇죠?

샘   정확히 말하면

[的] 앞의 있는 것들은 관형구 내지 관형절이라고 해야 옳을 거야.

아무리 길게 수식해 봐야 결국은 중심어인 명사를 수식하는 거 아니겠어?

준호, 민석   멍......

샘   예를 들면
[내가 중국어를 배울 + 시간],
[그가 오늘 몹시 화난 + 이유]처럼 말이야.
수식을 받는 명사(시간, 이유) 앞에 나오는 말들은 아무리 길어도
전부 관형어라고 봐야지.
지연이는 [관형어+的(구조조사)+중심어]의 관계를 완전히 파악했구나.
정말 대단해!

지연   호호호! 대단하긴요, 뭘.

샘   또 이렇게 말해도 되겠다.

你来访韩国的目的是什么?

Nǐ láifǎng Hánguó de mùdì shì shénme?

닐 라이f팡 한궈 더 무띠 스~ 선~머? / 한국을 방문하신 목적이 무엇입니까?

단어 [来访 láifǎng (을라이f팡 / 방문하다], [韩国 Hánguó 한궈 / 한국], [目的 mùdì 무띠 / 목적]

자, 그럼 여러 가지 대답이 나올 수 있겠지?
[是...的 용법]을 써서 여러 가지 경우를 들어볼까?

我是来玩儿的。 Wǒ shì lái wánr de. 워 스~ (을)라이 왈 더. / 놀러 왔어요.

我是来旅游的。 Wǒ shì lái lǚyóu de. 워 스~ (을)라일 뤼여우 더.

/ 여행 왔어요.

我是来读书的。 Wǒ shì lái dúshū de. 워 스~ (을)라이 뚜슈~ 더.

/ 공부하러 왔어요.

我是来赚钱的。 Wǒ shì lái zhuàn qián de. 워 스~ (을)라이 쭈~안치엔 더.

/ 돈을 벌려고 왔어요.

이번에는 [是...的] 용법에서 앞의 [是]를 생략해서 말해보자.

我来探亲的。 Wǒ lái tànqīn de. 월 라이 탄친 더. / 친지를 방문하러 왔습니다.

我来留学的。 Wǒ lái liúxué de. 월 라이 (을)리우쉬에 더. / 유학을 왔습니다.

我被公司派来的。 Wǒ bèi gōngsī pài lái de.

워 뻬이 꽁쓰 파일 라이 더. / 회사에서 파견되어 왔습니다.

단어 [玩儿 wánr 왈 / 놀다], [旅游 lǚyóu (을)뤼여우 / 여행하다],

[读书 dúshū 뚜슈~ / 공부하다], [赚钱 zhuànqián 쭈~안치엔 / 돈을 벌다],

[探亲 tànqīn 탄친 / 친척 방문하다], [留学 liúxué (을)리우쉬에 / 유학하다],

[公司 gōngsī 꽁쓰 / 회사], [派 pài 파이 / 보내다, 파견하다]

민석　샘, [被 bèi 뻬이]는요?

샘　아뿔싸, 중국어 문법의 고난도가 나왔네.
이건 피동문이라고 하는데,
즉 피동전치사 [被]나 [给 gěi 게이]를 써서
[피동자 + 被·给 + 주동자 + ...]의 형식으로
[피동자가 주동자에게 ...게 당하다]는 뜻의 문장이거든?
뭐 크게 어려울 건 없지만,
지금 이걸 다 설명하면 강의 밑천이 떨어지니까……
사실 이 정도 안다면 중국어 문법의 8부 능선은 올라선 거야.

지연　난 학교에서 배워서 다 아는데……
샘, 이것과 반대로

[주동자+매(jiào 찌아오)·让(ràng 랑~)·使(shǐ 스~)·给 + 피동자 + ...] 형식을 써서
[주동자가 피동자에게 ...하도록 시킨다]는 뜻의 사역문(使役文)도 있지 않나요?

준호, 민준　헉!

샘　지연아, 넌 너무 앞서가거든?

지연　네, 알겠어요. 호호호!

민석　샘, 그나저나 지금 어디서 묵고 있냐고 물을 때는요?

샘　이때는 [...에서]라는 전치사 [在]를 써서
[동사+在+장소] 형식, 즉 [...에서 ...하다]는 뜻의 문장을 만들어야 해.

你现在住在哪儿? Nǐ xiànzài zhù zài nǎr? 니 씨엔짜이 쭈~ 짜이 나알?

/ 당신 지금 어디에 살고 있나요?

我住饭店。 Wǒ zhù fàndiàn. 워 쭈~ f판띠엔. / 호텔에 묵고 있어요.

단어 [现在 xiànzài 나시엔짜이 / 지금, 현재], [住 zhù 쭈~ / 살다, ...에 묵다],
[饭店 fàndiàn f판띠엔 / 호텔]

민석　[在]의 용법이 약간 헷갈리네요.

샘　헷갈리기는 뭐가. 쉽게 생각해라.
음......, [在]는 [있다, 존재한다]는 동사로도 쓰이고,
[...에서]라는 뜻의 전치사로도 사용되는 단어야.
전치사 [在]는 [在+장소+동사] 즉 [...에서 ...을 한다]는 구문에 사용되거든.

你在哪儿睡觉? Nǐ zài nǎr shuìjiào? 니 짜이 나알 쉐~이찌아오?

/ 너는 어디서 자니?

我在宿舍睡觉。 Wǒ zài sùshè shuìjiào. 워 짜이 쑤쎠~ 쉐~이찌아오.

/ 나는 기숙사에서 자.

단어 [睡觉 shuìiiào 쉐~이찌아오 / 잠을 자다], [宿舍 sùshè 쑤쎠~ / 기숙사]

그리고 [在+장소+동사(×)]와 같이
장소 뒤에 다른 동사가 없을 때 사용된 [在]는
영어의 완전자동사처럼 그 자체가 [...에 있다]는 동사라는 점도 명심해라.

你爱人在哪儿? Nǐ àiren zài nǎr? 니 아이렌~ 짜이 나알?

/ 당신 부인(남편)은 어디 계시죠?

她在北京。 Tā zài Běijīng. 타 짜이 베이찡. / 그녀는 북경에 있어요.

준호   샘, [爱人 àiren 아이렌~]이 애인이 아니고 부인이나 남편인가요?
우리말과 뜻이 다르네요.

샘   그래, 우리는 '爱人'이라고 하면 부인이나 남편을 제외한 연인을 뜻하지만
중국에서는 남들에게 자기 남편이나 부인을 지칭하거나
남의 남편이나 부인을 지칭할 때 쓰는 말이야.
그런데 부부간에 서로 [爱人]이라고 직접 호칭하지는 않지.

민석   샘, 언제 돌아갈 거냐고 묻고 싶은데요.

샘   음......, 이때는 [什么时候 Shénme shíhou 선~머 스~허우]라는 말을 써야 하는데,
[什么]는 [어떤], [时候]는 [때],
그러니까 [什么时候]는 [어느 때] 즉 [언제]라는 뜻인 건 알겠지?

[귀국하다]는 [回国 huíguó 호이궈], [돌아가다]는 [回去 huíqù 호이취]라고 해.

你要什么时候回国? Nǐ yào shénme shíhou huíguó?

니 야오 선~머 스~허우 호이궈? / 언제 귀국하실 거죠?

我打算明天就回去。 Wǒ dǎsuan míngtiān jiù huíqù.

워 따쑤안 밍티엔 찌우 호이취. / 내일 바로 돌아갈 계획입니다.

준호, 민준 멍......

지연 호호호! 준호오빠랑 민석이가 알아들을까?

샘 물론 여기에 대한 대답도 여러 가지 나올 텐데,
중국어 문법에서 시간사(时间词)라 하여
시간과 때를 표시하는 것들 중 몇 가지만 들어보자.

作天 zuótiān 쭈어티엔 / 어제
今天 jīntiān 찐티엔 / 오늘
明天 míngtiān 밍티엔 / 내일
后天 hòutiān 허우티엔 / 모레
上个月 shànggeyuè 쌍~거위에 / 지난 달
这个月 zhègeyuè 쩌~거위에 / 이번 달
下个月 xiàgeyuè 씨아거위에 / 다음 달
去年 qùnián 취니엔 / 작년
今年 jīnnián 찐니엔 / 금년
明年 míngnián 밍니엔 / 내년

아 참, 그리고 [打算 dǎsuan 따쑤안]은 [...할 계획이다, ...할 예정이다]는
말이고,
[就 jiù 찌우]는 [곧, 바로]라는 부사니까 꼭 기억해 둬.

그리고 아직 언제 돌아갈지 결정하지 않았다면 이렇게 말해야 해.

不知道, 还没有决定, Bùzhīdào, hái méiyǒu juédìng,

뿌쯔~따오, 하이 메이여우 쥐에띵, / 모르겠어요. 아직 결정 안했어요.

要看情形才能知道。 yào kàn qíngxing cái néng zhīdao.

야오 칸 칭씽 차이 넝 쯔~따오. / 상황을 봐야 알 것 같아요.

단어 [知道 zhīdao 쯔~따오 / 알다], [决定 juédìng 쥐에띵 / 결정하다], [看 kàn 칸 / 보다],

[情形 qíngxing 칭씽 / 상황], [才 cái 차이 / 비로소], [能 néng 넝 / …을 할 수 있다]

준호   샘……

샘   왜? 너무 길어?

지연   길긴 뭐가 길어요. 문장을 잘라서 해석하면 쉬운데……

샘   그래, 지연이 말이 맞아.
우선 [知道 zhīdao 쯔~따오]는 [알다]니까
그 앞에 [不]를 붙인 [不知道 bùzhīdào 뿌쯔~따오]는 당연히 [모른다]는 뜻
이겠지?
그리고 뒷문장의 [要看情形才能知道]는 반을 떼어서 보자고.
음……, [要看情形]은 [상황을 봐야 한다]는 말이고,
뒤에 [才能知道]는 [비로소 알 수 있다]는 얘기네?

지연   맞아요, 샘.

샘   이렇게 중국어는 시간 순서대로 짧은 문장들이 연결되어
한 문장이 되는 경우가 많아.

민석   그러게요.

샘   앞에서 배운 [见到你很高兴]도 마찬가지야.

[见到你]는 [당신을 만나게 되었다]이고, [很高兴]는 [매우 기쁘다], 결국 두 문장이 합쳐져서 [당신을 만나게 되어 무척 기쁩니다]가 되는 것처럼.

준호   아하!

민석   샘, [要 yào 야오]는 [...해야 한다, 하겠다]라는 조동사로 배웠는데, 그런데 [能 néng 넝]은 뭐죠? [打算 dǎsuan 따쑤안]도 그렇고......

샘   이런! 또 조동사(助动词)가 등장했구나.
어쩐다? 지금 설명하려면 얘기가 길어지니까 다음 시간에 하도록 하자.

준호   네, 샘! 제 뇌 용량이 이제 한계를 느끼는 거 같아요.

지연   호호호! 분위기를 보니 혹시 포기?

샘   아무튼 오늘 배운 거 철저히 복습하지 않으면 안 돼, 알았지?

준호, 민석, 지연 네!

중국인과 말이 좀 되는 걸?

샘   자, 바로 수업에 들어가자.
      오늘은 어제 민석이가 질문했던 조동사에 대해서 공부하자. 무슨 사?

지연   조동사!

샘   조동사란 동사(혹은 형용사) 앞에서 동사를 보조하여
      당위·가능·희망 등의 뜻을 나타내는 낱말을 가리키지. 각자 나눠준 도표
      를 좀 봐.

* 조동사(助動詞)

가능

会 huì 호이 / (주로 배워서) …할 수 있다 ↔ 不会 bú huì 뿌호이

능력

能 néng 넝 / (능력상) …할 수 있다 ↔ 不能 bù néng 뿌넝

허가

可以 kěyǐ 커이 / (조건상) …할 수 있다 ↔ 不可以 bù kěyǐ 뿌커이

희망

想 xiǎng 씨앙 / …하고 싶다 ↔ 不想 bù xiǎng 뿌씨앙

愿意 yuànyi 위엔이 / …하길 원하다 ↔ 不愿意 bú yuànyi 뿌웬이

의지

要 yào 야오 / …하려 한다, …하겠다 ↔ 不要 búyào 뿌야오

该 gāi 까이 / …해야 한다, …해야 옳다 ↔ 不该 bù gāi 뿌까이

应该 yīnggāi 잉까이 / …해야 마땅하다 ↔ 不应该 bù yīnggāi 뿌잉까이

당위

要 yào 야오 / …해야 한다 ↔ 不要 bú yào 뿌야오, 不用 bú yòng 뿌용

추측

会 huì 호이 / …할 것이다 ↔ 不会 bú huì 뿌호이

可能 kěnéng 커넝 / 아마 …할 것이다 ↔ 不可能 bù kěnéng 뿌커넝
필연
肯定 kěndìng 컨띵 / …할 것이 틀림없다

이러한 조동사를 알아야 중국어를 원활하게 할 수 있어.
음……, 예문을 들어볼까?

我想去中国，但是一直没有机会。

Wǒ xiǎng qù Zhōngguó, dànshì yìzhí méiyǒu jīhuì.
워 씨앙 취 쯍~궈, 딴스~ 이쯔~ 메이여우 찌호이.
/ 나는 중국에 가고 싶은데, 그러나 줄곧 기회가 없었어요.

如果你能有机会来中国，我非常欢迎。

Rúguǒ nǐ néng yǒu jīhuì lái Zhōngguó, wǒ fēicháng huānyíng.
루~궈 니 넝 여우 찌호이 (을)라이 쯍~궈, 워 f페이챵~ 환잉.
/ 만일 당신이 중국에 놀러 올 기회가 생긴다면, 대환영입니다.

단어 [一直 yìzhí 이쯔~ / 줄곧, 쭉], [机会 jīhuì 찌호이 / 기회],

[非常 fēicháng f페이챵~ / 매우], [欢迎 huānyíng 환잉 / 환영하다]

그리고 어제 배운 [打算 dǎsuan 따쑤안] 역시 원래 [계산하다]는 동사지만
조동사로 쓰일 때는 [...할 계획이다, ...할 생각이다]가 되는 거야.

준호　샘, [没有机会]에서 [没有]는 [...안 했다]라는 부정부사가 아니고,
　　　　[있다, 가지고 있다]는 동사 [有]의 부정인 거 맞죠?

샘　　　당연하지!

준호　그런데 [但是 dànshì 딴스~]는 뭐고 [如果 rúguǒ 루~궈]는 또 뭡니까?

샘　　　접속사! 무슨 사?

지연　접속사!

샘　　맞았어. 접속사는 어떤 기능을 할까?

지연　단어나 문장을 연결 내지 접속하는 기능을 하지 않나요?

샘　　좋아. 그럼 중국어에는 어떤 접속사들이 있을까?
　　　미리 도표로 정리해 놓았으니 쭉 한번 보자.

* 접속사(接續詞)

因为 yīnwèi 인웨이 / 왜냐하면, …이기 때문에

所以 suǒyǐ 쏘어이 / 그래서

因此 yīncǐ 인츠 / 그래서

于是 yúshì 위스~ / 그래서

但是 dànshì 딴스~ / 그러나

可是 kěshì 커스~ / 그런데

不过 búguò 부꿔 / 그렇지만

然而 rán'ér 란~알 / 하지만

而且 érqiě 알치에 / 뿐만 아니라

和 hé 흐어 / …와(과)

跟 gēn 껀 / …와(과)

同 tóng 통 / …와(과)

与 yǔ 위 / …와(과)

如果 rúguǒ 루~궈 / 만일, 만약

要是 yàoshi 야오스~ / 만일, 만약

还是 háishi 하이스~ / 역시, 아니면, 그냥

或者 huòzhě 훠져~ / 혹은, 또는

虽然 suīrán 쒜이란~ / 비록 …하지만

既然 jìrán 찌란~ / 기왕

既使 jìshǐ 찌스~ / 설사 …하다고 해도

只要 zhǐyào 쯔~야오 / 단지 …하기만 하면

那么 nàme 나머 / 그럼, 그렇다면

然后 ránhòu 란~허우 / 그 다음에

接着 jiēzhe 찌에져~ / 이어서

민석   샘, 이런 걸 지금 다 외워야 하나요?

샘   천천히 하나씩 외워. 아직 갈 길이 멀잖니?

준호   그러나 저러나 샘, 중국인들도 처음 만나면 서로 명함을 교환하죠?

샘   물론 그렇지. 사람 사는 세상 다 똑같지 뭐.
명함은 [名片 míngpiàn 밍피엔]이라고 해.

这是我的名片，希望下次再见面。

Zhè shì wǒ de míngpiàn, xīwàng xiàcì zài jiànmiàn.

쩌~ 스~ 워 더 밍피엔, 시왕 씨아츠 짜이 찌엔미엔.

/ 이건 제 명함인데, 다음에 다시 만나길 바랍니다.

여기서 [希望 xīwàng 시왕]은 [...하기를 희망하다, 바라다]는 동사이기도 하지만
[희망, 바램]이라는 명사로도 쓰이니까 그렇게 알고,
또 [见面 jiànmiàn 찌엔미엔]은 [얼굴을 보다]니까 물론 [만난다]는 뜻이겠지?

민석   네에. 참, 그리고 앞에서 배운 것 중에요.
[...했습니까?]는 뜻으로 사용된 [了]가 있는 의문문 형식에 대해
알기 쉽게 설명해 주세요.

샘   어기조사는 문장 맨 끝에 붙고,
동태조사는 동사나 형용사 바로 뒤에 붙는다는 사실은 알고 있지?

지연   그럼요!

샘   좋아. 지난 사실을 묻는 의문문은 여러 가지 형태로 나타나는데 말이야.

음……, 쉬운 예로 [그는 중국어를 배웠다]를 가지고
[그는 중국어를 배웠습니까?]로 물어볼까?

他学中文了。Tā xué Zhōngwén le. 타 쉬에 쭝~원 러. (완료 표시의 어기조사 了)
他学了中文。Tā xué le Zhōngwén. 타 쉬엘 러 쭝~원. (완료 표시의 동태조사 了)

1) 他学中文了吗? Tā xué Zhōngwén le ma?

   (어기조사 [了+吗]를 함께 붙인다)

2) 他学中文了没有? Tā xué Zhōngwén le méiyǒu?

   (어기조사 [吗]대신 [没有]를 붙인다)

3) 他学了中文没有? Tā xué le Zhōngwén méiyǒu?

   (동사 [学] 바로 다음 동태조사 [了]를 붙이고,
   문장 끝의 어기조사 [吗]대신 [没有]를 붙인다)

4) 他有没有学中文?

   (동사 앞에 [有没有]를 붙이고, 동태조사든 어기조사든 [了]는 없앤다)

그리고 이때 [他学中文了没有?]나 [他学了中文没有?]와 같은 의문문의
[没有]는 [안 했다] 즉 그대로 해석하면 [그는 중국어를 배웠습니까 안
배웠습니까?] 하고 묻는 방식이라는 거 충분히 이해되리라 믿어.
또 [他有没有学中文?]은 [有+没有]는
여기서 [...있어요 없어요?] 하며 묻는 뜻이 아니고,
[...을 했나 안 했나?] 하는 [긍정+부정]의 정반의문문으로서
그 자체가 의문문이니까,
뒤에 의문 어기조사 [吗]는 당연히 없어야 하고.
또 앞서 배운 대로 [没有+동사+了(없애라)]의 원칙에 따라 [了]는 사라져
야 하지.

준호   헐, 장난 아니게 복잡하네요.

샘   그러니까……

지연 그러니까 결국 [...했습니까?] 하고 물을 때는
앞의 예문처럼 크게 4가지 형식이 사용된다는 말씀이죠?

샘 그래, 그래!

민석 아무거나 골라 써도 되나요?

샘 당연하지. 자, 오늘까지는 배운 내용은
여러분이 처음 중국인한테 말을 걸기 위한 최소한의 대화니까 무조건
외워.
지금까지는 중국인과 입을 트기 위한 준비 운동을 했다고 보면 돼.

준호, 민석, 지연 네!

샘 내일부터는 다양한 내용을 가지고 다시 처음부터 시작하자.
한 마디 한 마디 번갈아 가면서 말꼬리를 물고 늘어지다 보면
초보 단계는 저절로 끝내게 될 거야.

준호 휴~

샘 준호야, 중국의 수많은 인구를 생각해 봐.
현재 중국이 우리나라의 최대 무역거래 국가라는 사실을 모르는 건 아
니겠지?
앞으로 중국어를 모르면 무식하다는 소리를 들을 텐데.
그러니 중국어를 잘해서 남들한테 인정받고,
친구도 사귀고, 취직도 하고
또 사업을 해서 돈 많이 벌면 얼마나 좋아?
그러니 모두들, 내가 가르쳐주는 말들은 아무리 힘들어도 어떻게 한다?

민석 깡그리 외운다!

샘

答对了，给你百分! Dá duì le, gěi nǐ bǎi fēn !

따 뛔일 러, 게이 니 빠이 f펀!

준호   무슨 말이지?

지연   답을 옳게 맞혔으니 100점을 주시겠다는 말이에요.

민석   [答对了 dá duì le 따 뛔일 러]가 뭔데?

지연   아~, 그거? '정답입니다!'라는 얘기야.
        [答 dá 따]는 [답하다, 대답하다]는 동사인데,
        여기에 [...한 것이 맞다]는 뜻의 보어 [对]가 [答]뒤에 붙으면
        [대답이 맞다, 옳게 대답했다]는 말이 되거든.
        반대말은 [틀리다]는 보어 [错 cuò 취]를 붙여 [答错了]라고 해.

민석   잘 모르겠는데......

지연   그럼 예를 들어 볼게.

        答对了。Dá duì le. 따 뛔일 러. / 답이 맞았어요.
        答错了。Dá cuò le. 따 취 러. / 답이 틀렸어요.
        说对了。Shuō duì le. 슈~어 뛔일 러. / 옳게 말했어요.
        说错了。Shuō cuò le. 슈~어 취 러. / 잘못 말했어요.

        어때? 아직도 모르겠어?

민석   대충 알 거 같아. 그럼 [给 gěi 게이]는 또 뭐야? 발음도 이상야릇한데.

지연   호호호! [...에게 ...을 주다]라는 뜻이야.
        자세히 가르쳐 주고 싶어도 오늘은 빨리 집에 가 봐야 돼서. 미안!

민석   에이, 그러지 말고 좀 가르쳐 주라.

지연   알았어. 어차피 나중에 배울 텐데 성질도 급하기는.......
        [给]는 원래 [...에게 ...을 주다]라는 동사이기도 하고,
        또 [...에게 ...해 주다]에서 [...에게]라는 전치사이기도 해.
        예를 들면, [给+사람(간접목적어)+물건(직접목적어)]의 형식으로,

我给你百分。Wǒ gěi nǐ bǎifēn. 워 게이 니 바이 f펀. / 네게 백점을 주겠다.

你给我钱吧。Nǐ gěi wǒ qián ba. 니 게이 워 치엔 바. / 내게 돈을 다오.

라고 말해. 그러니까 방금 샘이 한 얘기가 무슨 뜻인지 알겠지?

민석   아하!

지연   이 [给]는 또 [물건+给+사람]의 형식으로 직접목적어를 앞세워 말하기도
하고,

这个给你。Zhège gěi nǐ. 쩌~거 게이 니. / 이거 너에게 줄게.

또 [...을]이라는 전치사 [把 bǎ 빠]를 사용해서
[把+물건+给+사람]의 형식으로도 말해.

把东西给我。Bǎ dōngxi gěi wǒ. 빠 똥시 게이 워 / 물건을 내게 주세요.

하지만 이 [给]가 전치사로 쓰일 때는, [给+사람+동사(... 해주다)]의 형
식으로,

我给你打电话。Wǒ gěi nǐ dǎ diànhuà. 워 게이 니 따 띠엔화. / 내가 너한테 전화할게.

你给我说明一下。Nǐ gěi wǒ shuōmíng yíxià. 니 게이 워 슈~어밍 이씨아.

/ 내게 설명 좀 해 주세요.

라고 말해. 어렵니? 이해가 되냐고?

민석   쩝......, 뭐가 뭔지 모르지만, 어쨌든 고맙다.

지연   여러 번 생각해 보면 알 수 있을 거야.
난 학교에서 강의 들을 때 금방 알겠던데......, 호호호!

샘   민석, 지연, 무슨 얘길 그렇게 신나게 하니?

지연   아무 것도 아녜요. 민석이가 뭘 좀 물어봐서요. 호호호!

샘   그럼 오늘 수업은 끝내자!

준호, 민석, 지연 네!

만남·안부·근황

샘	오늘은 뭘 하면 좋을까?
준호	샘, 중국인을 처음 만났을 때 하는 말들은 대충 알겠는데요. 그 다음이 문제인 것 같아요.
민석	샘, 전에 만난 적 있는 중국인을 또 만났을 때는 뭐라고 말을 걸죠?
샘	좋아, 만약 김성호라는 사람이 중국에서 온 왕 선생을 또 만났다면,

王先生，你好! Wáng xiānsheng, nǐ hǎo! 왕 시엔성~, 니 하오!

/ 왕 선생님, 안녕하세요!

我是金成浩。 Wǒ shì Jīn Chénghào. 워 스~ 찐 청~하오. / 저는 김성호입니다.

어때? 근데 상대방이 못 알아본다면 기억을 시켜야겠지?

你不记得我吗? Nǐ bú jìde wǒ ma? 니 뿌 찌더 워 마? / 저를 기억 못하세요?

我们上次见过面。 Wǒmen shàngcì jiàn guo miàn.

워먼 쌍~츠 찌엔 꿔 미엔. / 우리 지난번에 만난 적 있는데.

그러자 생각이 난 모양이야.

啊! 是你呀! A! shì nǐ ya! 아! 당신이로군요!

金先生， 又见到你了！ Jīn xiānsheng, yòu jiàn dao nǐ le!

찐 시엔성~, 여우 찌엔따오 닐 러! / 김 선생, 또 당신을 만났네요!

단어 [记得 jìde 찌더 / 기억하다], [见面 jiànmiàn 찌엔미엔 / 만나다]

민석　샘, [见过面]의 [过]는 동사 뒤에 붙어 경험을 나타내는 동태조사,
그래서 [얼굴을 본 적 있다]는 것이고,
또 [见到]의 [到]는 보어라는 거 알겠는데, [呀]는 뭐지요?
일단 문장 끝에 있으니 어기조사임에는 틀림없죠?

샘　그래! 감탄을 표시하는 어기조사야.

준호　[다시]라는 뜻을 가진 [再 zài 짜이]와 [又 yòu 여우]는 어떤 차이가 있나
요?

샘　비슷하지만 [再]는 동작의 반복이 아직 실현되지 않았을 때 쓰고,
[又]는 동작의 반복이 실현되었거나 반드시 실현될 것을 긍정할 때 쓴다
고 알면 돼.

준호　[오랜만이다]는 뭐라고 합니까?

샘　이때는 2가지로 말할 수 있어.

好久不见了。 Hǎo jiǔ bú jiàn le. 하오 지우 부 찌엔 러.

很久没见。 Hěn jiǔ méi jiàn. 어현 지우 메이 찌엔 러.

단어 [久 jiǔ 지우 / 오랫동안]

민석　[好久不见了]의 [好]는 [좋다]는 형용사가 아니라
[매우]라는 뜻의 부사라는 건 알겠지만,

두 문장이 어째 하나는 [不见] 하나는 [没见]으로 되었네요?

샘   그냥 관용어니까 따지지 말고 외워 버려, 어렵지도 않은데 뭘.

지연   그러게요. 호호호!

민석   안부를 묻고 대답하는 표현에는 어떤 것들이 있나요?

샘   준호, 뭐가 있지?

준호   음……[你好吗?]가 아닌가요?

샘   맞았어.

민석   그거야 저도 알고 있어요.
[你好吗?] 말고 좀 더 구체적인 표현은 어떤 것들이 있는지 물은 건데.

샘   알았어. 안부를 묻고 답하는 내용은 대개 이런 방식이야.

你最近怎么样? Nǐ zuìjìn zěnmeyàng? 니 쬐이찐 전머양? / 요즘 어때요?

你在韩国过得好吗? Nǐ zài Hánguó guò de hǎo ma?

니 짜이 한궈 꿔 더 하오 마? / 한국에서 잘 지내고 계세요?

还好, 你呢? Hái hǎo, nǐ ne? 하이 하오, 니 너? / 그럭저럭 잘 지냄. 당신은요?

托你的福, 过得很好。 Tuō nǐ de fú, guò de hěn hǎo.

퉈 니 더 f푸 꿔 더 헌 하오. / 덕분에 잘 지내고 있어요.

단어 [最近 zuìjìn 쬐이찐 / 최근, 요즘], [托福 tuōfú 퉈f푸 / 덕분에]

준호   샘, 어려워요.

샘   설명을 들으면 금방 이해될 거야.

준호   [怎么样?] 밖에 모르겠는데요.

샘   지연이, 너는?

지연   저야 뭐……, 호호호!

샘   [怎么样? zěnmeyàng?]이 [어때요?]라는 건 앞에서 배웠고,
바로 [过得好 guò de hǎo]가 문제로군.
여기서 [过 guò]는 [지내다. 살다]라는 동사이지
동사 뒤에서 경험을 표시하는 동태조사가 아니야.
왜냐하면 동태조사는 동사나 형용사 뒤에 붙어야 원칙인데
여기서는 [韩国]이라는 명사 뒤에 붙었지?
그러니까 당연히 동태조사는 아니지.

준호   그럼 [过得好]의 [得]은 뭐죠?

샘   그래, [得 de]는 또 뭘까? 자, 지금부터 설명하는 걸 잘 들어.
여기서 사용된 [得]은 구조조사라고 해. 무슨 조사?

지연   구조조사!

샘   구조조사는 낱말 사이에서 관계를 맺어주는 역할을 한다고 배웠지?
생각 안 나? 아, 왜 구조조사 [的 de]에서 배웠잖아?

민석   아……

샘   그런데 이 [得]는
[동사+得+(부사)+형용사] 또는 [형용사+得+부사]의 형식으로
[…하는 정도가 …하다], […한 정도가 …하다],
즉 어떤 정도가 어떤지 표시하는 문장을 만들 때 꼭 필요해.
그리고 [得] 뒤에 위치한 말은 [정도가 …하다]는 뜻을 의미한다 해서
정도보어라고 불러. 뭐라고 한다고?

지연   정도보어!

준호   뭐가 뭔지 잘……

샘 다시 말해서,
[동사+得+정도보어]의 형식은
[...하는 정도가 ...하다], [...을 잘한다, ...을 못한다]는 경우에 쓰이고,
[형용사+得+정도보어]의 형식은 [...한 정도가 ...하다]라고 할 때 사용된
다는 얘기지.

민석 그럼 [过得好]는 [过(동사)+得(구조조사)+好(정도보어)] 형식으로
[지내는 정도가 좋다] 즉 [잘 지낸다]는 뜻이네요.

샘 그렇지!

준호 샘, 그럼 [반대로 잘 지내지 못한다]는 뭐라고 하나요?
그리고 [형용사+得+부사 정도보어]의 예는 없나요?

샘 좀 하나씩 물어봐라. 헷갈린다.
음......, 우선 [...하는 정도가 ...하지 않다]는 형식은
정도보어 앞에 [不]만 붙이면 돼. 당연하잖아?
그래서 [동사·형용사+得(구조조사)+不+정도보어]의 형식이 되는 거야.

민석 그럼 [不+동사·형용사+得+정도보어]의 순서로 말하면 틀리겠네요?

샘 그럼!

민석 아하!

샘 예를 들어보자.

因为语言不通，所以这里的生活不太方便。

Yīnwèi yǔyán bù tōng, suǒyǐ zhèli de shēnghuó guò de bú tài fāngbiàn.

인웨이 위이엔 뿌 통, 쏘어이 쩌~리 더 썽~훠 부 타이 f팡삐엔.

/ 왜냐하면 말이 통하지 않기 때문에, (그래서) 이곳의 생활은 편치 않아요.

단어 [语言 yǔyán 위이엔 / 언어], [通 tōng 통 / 통하다], [生活 shēnghuó 썽~훠 / 생활, 생활하다],

[方便 fāngbiàn f팡삐엔 / 편리하다, 편하다]

[형용사+得+부사 정도보어]의 예도 있어. [好(형용사)+得+很(부사)] 형식을 보자.

因为许多朋友帮助我，所以这里的生活好得很。

Yīnwèi xǔduō péngyou bāngzhù wǒ, suǒyǐ zhèli de shēnghuó hǎo de hěn

인웨이 쉬뚸 펑여우 빵주~ 워, 쏘어이 쩌~리 더 썽~훠 하오 더 헌.

/ 왜냐면 많은 친구들이 나를 도와주기 때문에, (그래서) 이곳의 생활은 아주 좋네요.

단어 [许多 xǔduō 쉬뚸 / 많은], [朋友 péngyou 펑여우 / 친구],

[帮助 bāngzhù 빵주~ / 돕다(빵을 주니까 --)]

[好得很]은 순서대로 해석하면 [좋은+정도가+매우]지?
그러니까 [매우 좋다]는 말이야.

준호   아하, 그렇구나. 어? 가만, [因为... 所以...]는 뭐죠? 처음 듣는 말이라서.

지연   헐!

샘   뭐라? 처음 듣다니, 앞에서 배웠잖아?
쯧쯧, 그러기에 수업시간에 멍 때리지 말았어야지.......

민석   준호 형, 어제 [왜냐하면... 그래서...]
즉 원인과 결과를 표시하는 접속사라고 배웠잖아!

준호   아, 그랬니?

샘   됐고, 이 얘기 저 얘기하기에는 혹시 중국인이 바쁠지도 모르니까
먼저 양해를 구해 보자.

你忙吗? Nǐ máng ma? 니 망 마? / 바쁘세요?

我不忙，你忙不忙? Wǒ bù máng, nǐ máng bu máng?

워 뿌 망, 니 망 뿌 망? / 나는 안 바쁜데, 당신은 바쁜가요?

단어 [忙 máng 망 / 바쁘다]

이어서 좀 더 말해볼까?

지연   네!

샘   좋아, 계속하자.

我现在有空，我们坐下来谈谈，好不好?

Wǒ xiànzài yǒu kòng, wǒmen zuò xiàlai tántan, hǎo bu hǎo?

워 시엔짜이 여우 콩, 워먼 쭤 씨알라이 탄탄, 하오 뿌 하오?

/ 나는 지금 짬이 있으니, 우리 앉아서 얘기 좀 나눕시다, 어때요?

好的，请这边儿坐! Hǎode, qǐng zhèbiānr zuò!

하오더, 칭 쩌~삐알 쭤! / 좋지요. 여기 앉으세요.

단어 [空 kòng 콩 / 틈, 짬], [坐 zuò 쭤 / 앉다], [谈 tán 탄 / 얘기하다]

여기서 [忙吗? máng ma?]와 [忙不忙 máng bu máng?]은 같은 말인 건 알지?
아, 왜 정반의문문(正反疑问文)이잖아?
민석아, 정반의문문이 뭐지?

민석   ……

지연   [긍정+부정]의 의문형식이요. [好不好?]도 있네요?

샘   맞았어. 이때는 끝에 의문어기조사 [吗?]가 안 붙는다는 것도 배웠지?

지연   네!

민석   샘, [坐 zuò 쭤]가 [앉다]면 [坐下来 zuò xiàlai 쭤 씨알라이]는 뭐지요?

지연   [下来]는 동사 [坐] 뒤에 붙은 보어 아닌가요?

샘   역시 지연이는 하나를 가르치면 열을 아는구나.

지연   호호호!

샘   맞아! 이런 것은 방향을 나타내니까 방향보어라고 해.
         아, 왜 앉을 때 몸이 아래쪽을 향하지 위쪽으로 향하겠어?
         다시 말해 앉기는 앉는데 방향이 아래쪽을 향하기 때문에 [坐]에 [下来]
         를 붙인 거야.
         그런데 [下], [来] 모두 동사면서 보어로도 사용되는데,
         이 경우는 2개가 합쳐져 방향보어가 되었기 때문에 복합방향보어라고
         하지.

민석   아하!

샘   방향보어에는 어떤 것들이 있는지는 나눠준 프린트물을 참고해라.

* 방향보어(方向補語)

   보어 来

   上来 shànglai 쌍~라이 / 올라오다

   下来 xiàlai 씨알라이 / 내려오다

   进来 jìnlai 찐라이 / 들어오다

   回来 huílai 호일라이 / 돌아오다

   出来 chūlai 출~라이 / 나오다

   过来 guòlai 꿜라이 / 지나오다

   起来 qǐlai 칠라이 / 일어나다

보어 去 :

上去 shàngqu 쌍~취 / 올라가다

下去 xiàqu 씨아취 / 내려가다

进去 jìnqu 찐취 / 들어가다

回去 huíqu 호이취 / 돌아가다

出去 chūqu 추~취 / 나가다

过去 guòqu 꿔취 / 지나가다

준호   샘, [谈 tán 탄] 즉 [이야기하다]를
2번이나 붙여 [谈谈]이라고 말한 이유는 뭡니까?

샘   응, 그건 말이야,
같은 동사를 2번 반복하거나, 또는 그 사이에 [一 yī 이]를 넣어 말하는 것은
[좀 …한다]는 완곡한 의미를 갖는다고 보면 돼.
이때 [一]는 경성 [yi]로 발음하고.

你看看他怎么办。 Nǐ kànkan tā zěnme bàn. 니 칸칸 타 전머 빤.
             / 그가 어떻게 하는지 좀 봐라.
你也想一想吧。 Nǐ yě xiǎng yi xiǎng ba. 니 이에 씨앙 이 씨앙 바.
             / 너도 생각 좀 해봐.

그리고 [这边儿 zhèbiānr 쩌~삐알]는 [이쪽] 즉 방향이나 위치를 나타내는 말인데,
이런 것을 방위사(方位词)라고 해. 뭐라고 한다고?

지연   방위사!

샘   이러한 방위사는 보통명사와 마찬가지로 주어·목적어·관형어가 될 수 있고,
관형어의 수식을 받는 중심어도 될 수 있어.
또 [边 biān 삐엔] 대신 [面 miàn 미엔]이라 해도 좋고,

끝에 [儿]은 붙여 [边儿biānr 삐알] 대신 [面儿 miànr 미알]이라 해도 돼.

그럼 오늘 수업은 여기까지 하자!

* 방위사(方位詞)

앞 :

前边(儿) qiánbiān(r) 치엔삐엔, 치엔삐알

前面(儿) qiánmiàn(r) 치엔미엔, 치엔미알

뒤 :

后边(儿) hòubiān(r) 허우삐엔, 허우삐알

后面(儿) hòumiàn(r) 허우미엔, 허우미알

안 :

里边(儿) lǐbiān(r) (을)리삐엔, (을)리삐알

里面(儿) lǐmiàn(r) (을)리미엔, (을)리미알

밖 :

外边(儿) wàibiān(r) 와이삐엔, 와이삐알

外面 wàimiàn(r) 와이미엔, 와이미알

위 :

上边(儿) shàngbiān(r) 쌍~삐엔, 쌍~삐알

上面(儿) shàngmiàn(r) 쌍~미엔, 쌍~미알

아래 :

下边(儿) xiàbiān(r) 씨아삐엔, 씨아삐알

下面(儿) xiàmiàn(r) 씨아미엔, 씨아미알

준호　어휴……, 뜻만 알면 뭐해, 한자, 발음, 성조 다 외워야 하는데.

지연　준호오빠, 열심히 하면 되지 뭐가 걱정이세요?

준호　허긴, 쩝……, 지연이 너도 군대 한번 갔다와봐, 지금처럼 머리가 팍팍 도나!

자기소개·타인소개

샘   오늘은 중국인을 만났을 때 사용하는 기본 회화를 좀 더 다양하게 공부
     해보자.

지연 샘, 다른 사람을 소개할 때는 어떻게 말하면 좋죠?

샘   그땐 이렇게 말해.

我来介绍一下,   Wǒ lái jièshào yíxià, 월 라이 찌에쌰~오 이씨아,
                                            / 제가 소개 좀 할게요.

这位是李善珠老师。 Zhè wèi shì Lǐ shànzhū lǎoshī.
              쩌~ 웨이 스~ 리 싼~쭈~ (을)라오스~ / 이 분은 이선주 선생님이세요.

단어 [介绍 jièshào 찌에쌰~오 / 소개하다]

민석 샘, [我来介绍一下]에서 [来]는 뭐고 [一下]는 뭡니까?

샘   여기서 [来]는 [오다]는 뜻이 아니라
     동사 앞에서 붙어서 어떤 동작을 하겠음을 나타내는 말이고,
     [一下]는 동사 뒤에 붙어 [좀 ...하겠다]는 뜻을 표시하지.

민석 네에......, 여러 사람들 앞에 중국인을 소개할 때는요?

샘   이때는 [...에게 ...해주다] 즉 [给+사람+동사...]의 형식으로 말하면 되겠
     네.

我给你们介绍介绍。 Wǒ gěi nǐmen jièshào jieshao.
              워 게이 니먼 찌에쌰~오 찌에쌰~오. / 제가 여러분께 소개 좀 드릴게요.

这位是王志成先生，是中华公司的总经理。

Zhè wèi shì Wáng Zhìchéng xiānsheng, shì Zhōnghuá gōngsī de zǒngjīnglǐ.

쪄~ 웨이 스~ 왕 쯔~청~ 시엔셩~, 스~ 쫑~화 꽁쓰 더 쫑찡리.

/ 이 분은 왕쯔청 선생인데, 중화공사의 사장님이십니다.

단어 [总经理 zǒngjīnglǐ 쫑찡리 / 사장, CEO]

그런데 자기 가족이나 동료 친구 등을 소개할 때는 [这位]라고 하지 말고,
[이 사람, 이쪽]의 뜻으로 그냥 [这]라고 하는 게 자연스러워.

这是崔相哲，是我朋友。

Zhè shì Cuī Xiāngzhé, shì wǒ péngyou.

쪄~ 스~ 초이씨앙져~, 스~ 워 펑여우. / 이쪽은 최상철, 내 친구야.

这是我爱人。 Zhè shì wǒ àiren. 쪄~ 스~ 워 아이렌.~

/ 이쪽은 저의 아내(남편)입니다.

여기서 [爱人]은 우리말의 [애인]이 아니고, 남편이나 부인을 가리키는
말인 건 알지?
특히 대만에서는 [부인]을 [太太 tàitai 타이타이],
[남편]을 [先生 xiānsheng 시엔셩~]이라고 하니까 참고하도록.

준호 그럼 애인은 중국어로 뭐라고 해요?

샘 남자 애인은 [男朋友 nánpéngyou 난펑여우],
여자 애인은 [女朋友 nǔpéngyou 뉘펑여우]라고 해.
그리고 그냥 단순한 남자친구나 여자 친구는 [的 de 더]를 붙여서
각각 [男的朋友], [女的朋友]라고 하니까 잘 가려서 말해야지
안 그러면 괜히 오해 살 수 있어.

민석 샘, 아까 [我给你们介绍一下]라고 하셨는데, 여기서 [给 gei 게이]가 뭐에요?

샘 이 [给]는 원래 [...에게 주다]는 동사지만,
여기서는 [给+사람] 뒤에 다른 동사가 나오는 걸로 봐서
[...에게]라는 전치사로 사용되었다는 걸 알 수 있지.
그러니까 [给+사람+동사...] 형식은 [...에게 ...게 해주다]는 뜻이야.
지난번에 지연이가 한참을 설명해 주던 것 같던데?

민석 아니, 어떻게 아셨어요?

지연 호호호! 샘이 그때 옆에 계셨잖아.

준호 자기소개는요? 간단히 자기 소개하는 요령 좀 가르쳐 주세요.

샘 뭐 다 배운 건데. 만일 학생의 경우라면 대충 이렇게 소개하면 될 거야.

我来自我介绍一下。 Wǒ lái zìwǒ jièshào yíxià.

워 라이 쯔워 찌에싸~오 이씨아. / 제 소개를 좀 하겠습니다.

앞서 언급했지만 여기서 [我来自我介绍一下]의 [来]는 [오다]는 뜻이 아니고 동사 앞에서 어떤 동작의 시작을 예고한다고 할까?
음……, 다시 말해 동사 앞에 [来]가 붙으면 [좀 ...하겠다]는 의미로 보면 돼.
그리고 [자기소개]를 [自己介绍]라고 하지 않고, [自我介绍]라고 하니까 주의하도록.

준호 네에.

지연 샘, 그 다음은요?

샘 좋아, 계속해서 이름과 신분 등을 밝혀보자.

我姓千，叫千美镜， Wǒ xìng Qiān, jiào Qiān Měijìng.

워 씽 치엔, 찌아오 치엔 메이찡, / 저는 성이 천, 천미경이라고 합니다.

我是韩国大学的学生。 Wǒ shì Hánguó Dàxué de xuésheng.

워 스~ 한궈 따쉐에 더 쉬에셩~. / 나는 한국 대학의 학생입니다.

希望将来能当中文老师。

Xīwàng jiānglái néng dāng Zhōngwén lǎoshī.

시왕 찌앙라이 넝 땅 쯍~원 (을)라오스~ / 장래 중국어 선생님이 되길 희망합니다.

단어 [将来 jiānglái 찌앙라이 / 장래], [中文 Zhōngwén 쯍~원 / 중국어],

[老师 lǎoshī (을)라오스~ / 선생님]

준호 샘, [当 dāng 땅]은 또 뭡니까?

샘 [当]은 동사로서 [当+직업]은 [...이 되다]는 뜻이니까 꼭 기억해라.

준호 아하!

샘 이렇게 소개를 한 다음에는 앞에서 배운 대로,

见到你们很高兴, 以后请多多指教, 谢谢!

Jiàn dào nǐmen hěn gāoxìng, yǐhòu qǐng duōduō zhǐjiào, xièxie !

찌엔 따오 니먼 헌 까오씽, 이허우 칭 뚸뚸 쯔~찌아오, 씨에시에!
/ 만나서 반가워요. 앞으로 많이 지도해 주세요. 감사합니다!

라고 마무리하면 그런 대로 자기소개는 끝나.

준호 직장을 다니는 경우에는 뭐라고 소개하는 게 좋을까요?

샘 직장인의 경우도 비슷하겠지.
이름과 소속을 밝히는 건 기본이겠고. 한번 대충 만들어보자.

我姓朴, 名字叫东俊, Wǒ xìng Piáo, míngzi jiào Dōngjùn.

워 씽 파오, 밍쯔 찌아오 똥쮠. / 저는 성이 박, 이름은 동준이라고 하는데,

来自韩国新胜贸易公司,

lái zì Hánguó Xīshèng màoyì gōngsī,

(을)라이 쯔 한궈 신썽~ 마오이 꽁쓰, / 한국 신승 무역회사에서 왔어요.

今天很高兴和大家在一起。

Jīntiān hěn gāoxìng hé dàjiā zài yìqǐ,

찐티엔 헌 까오씽 흐어 따찌아 짜이 이치, / 오늘 여러분과 함께 자리하게 되어 반갑습니다.

请多多关照, 谢谢! Qǐng duōduō guānzhào, xièxie!

칭 뚸뚸 꽌짜~오, 씨에시에! / 모쪼록 잘 봐주세요. 감사합니다!

단어 [来自 láizì (을)라이쯔 / …에서 오다], [贸易公司 màoyì gōngsī 마오이 꽁쓰 / 무역회사],

[关照 guānzhào 꽌짜~오 / 보살피다]

지연 좋은데요!

민석 샘, 저는 재수생인데.

지연 호호호! 그게 무슨 자랑이라고.

샘 하하하! 알았어.

我是重考生, 目前我在准备考大学。

Wǒ shì chóngkǎoshēng, mùqián wǒ zài zhǔnbèi kǎo dàxué.

워 스~ 총카오썽~, 무치엔 워 짜이 쥰~뻬이 카오 따쉬에.

/ 저는 재수생인데, 현재 대학 시험을 준비하고 있습니다.

단어 [重考生 chóngkǎoshēng 총카오썽~ / 재수생], [目前 mùqián 무치엔 / 현재],

[准备 zhǔnbèi 쥰~뻬이 / 준비하다], [考 kǎo 카오 / 시험보다]

자, 이 정도면 되겠어? 그 다음 뭐가 또 궁금하지?

아 참, 그리고 [重]은 원래 [무겁다]는 형용사일 때는 [zhòng 쭝~]이지만,
[다시]라는 부사로 쓰일 때는 [chóng 총~]이라고 발음해.

지연 헐, 그건 나도 몰랐었는데.

민석 샘, [我在准备考大学]에서 [在]가 이상해요.
이 [在]는 […에서 …을 한다]고 할 때,
장소 앞에서 사용하는 [~에서]라는 뜻의 전치사가 아닌가요?

샘 하하하! 이상하긴 뭐가 이상해.
여기서 [在] 뒤에 붙은 게 [장소]를 나타내는 명사야?

민석 아니요.

샘 그래, 명사가 아니고 [准备 zhǔnbèi 쥰~뻬이] 즉 [준비하다]는 동사지?

민석 네.

샘 동사 앞에 있는 [在]는 부사로서 동작의 진행을 나타내는 말이야.
[주어+在(正·正在)+동사+…+(呢)]의 형식으로 동사 앞에
[在]나 [正 zhèng 쩡~ / 마침, 막], [正在 zhèngzài 쩡~짜이]를 붙이면
[마침 …하는 중이다]라는 뜻이 되는데,
이때 문장 끝의 어기조사는 대개 [呢]를 사용하지.
그런데 [呢] 자체로도 진행이나 지속의 의미를 갖기도 해.

你做什么? Nǐ zuò shénme? 니 쭤 션~머? / 너 뭐 하니?
你做什么呢? Nǐ zuò shénme ne? 니 쭤 션~머 너? / 너 뭐하고 있니?

이제 [있다]는 존재를 표시하는 동사 [在],
[…에, …에서] 즉 장소 앞에 쓰는 전치사 [在]
마지막으로 진행을 표시하는 부사 [在]의 차이를 알겠지?

민석 좀 더 확실히 알게 진행을 표시하는 예문을 더 들어 주실 수 없나요?

샘 알았어. 예문을 몇 개 더 보자.

他们正开着会(呢) Tāmen zhèng kāi zhe huì (ne).

타먼 쩡~ 카이져~ 호이. / 그들은 마침 회의를 열고 있는 중이다.

我们在休息(呢) Wǒmen zài xiūxi (ne). 워먼 짜이 씨우시. / 우리는 쉬는 중이다.

我正在做功课(呢) Wǒ zhèngzài zuò gōngkè (ne).

워 쩡~짜이 쭤 꽁커. / 나는 막 공부하고 있는 중이다.

你看什么呢? Nǐ kàn shénme ne? 니 칸 션머 너? / 너 무엇을 보고 있니?

단어 [开会 kāihuì 카이호이 / 회의를 열다], [休息 xiūxi 씨우시 / 쉬다, 휴식하다],

[做功课 zuò gōngkè 쭤 꽁커 / 공부를 하다]

어때? 이제 알겠어? 특별한 질문 없으면 이것으로 마치자.

준호 샘, 아직요!
예문 첫 문장 [开着会]에서 동사 [开] 다음에 붙은 [着 zhe 저]는 뭐죠?

지연 헐! 끝날 때가 다 됐는데 뭘 또 질문? 짜증 그대로다!

샘 좋은 질문이다.
이 [着]는 동사 뒤에 붙어 동작이나 상태의 지속을 나타내는 동태조사
야. 무슨 조사?

지연 동태조사!

샘 동태조사에는 크게 [了 le·过 guo·着 zhe]가 있다고 배웠는데,
[着]에 대해 구체적으로 알아보자.
백문이 불여일견이라고 예문을 들어볼게.

我看着电视呢。 Wǒ kàn zhe diànshì ne. 워 칸 져~ 띠엔스~ 너.

/ 나는 TV를 보고 있다. (동작의 진행)

门开着呢。 Mén kāi zhe ne. 먼 카이 져~ 너. / 문이 열려 있다. (상태의 지속)

她正在吃着饭呢。 Tā zhèngzài chī zhe fàn ne. 타 쩡~짜이 츠~ 져~ f판 너.

/ 그녀는 마침 밥을 먹는 중이다. (동작의 진행)

收音机关着没有? Shōuyīnjī guān zhe méiyǒu? 서~우인찌 꽌 져~ 메이여우?

/ 라디오가 꺼져 있나요? (상태의 지속)

좀 더 보충해서 설명하면,
동태조사 [着]는 보통 문장 끝에 어기조사 [呢]를 붙여 사용하고,
[着] 앞에 [마침]이라는 뜻의 부사 [正]이나,
[마침 ...하고 있는 중이다]는 뜻의 [正在]와 어울려 진행을 나타낸다는 사실,
그리고 [着]가 나오는 문장의 의문문은
[주어+동사+着+没有...?]의 형식을 사용한다는 점을 알았으면 좋겠다.

지연 샘, 시간 다 되었는데요.

샘 오늘은 지연이가 지루했던 모양이구나.

지연 약간요. 배운 걸 자꾸만 반복하니까 그런가 봐요.

준호 난 재밌는데......

민석 나도! 그러기에 지연이 넌 고급반에 갔어야지!

지연 됐거든!

샘 하하하! 준호랑 민석이가 이제 중국어에 재미를 붙였구나! 그럼 이상!

일·직장·학교·전공·사업

샘   오늘은 뭘 공부할까?

준호   샘, 상대방이 뭐 하는 사람인지 구체적인 직업을 묻고 싶어요.

샘   좋아. 일단 직업이 뭐냐고 물을 때는,

您做什么工作? Nín zuò shénme gōngzuò? 닌 쭤 션~머 꽁쭤?

/ 무슨 일을 하세요?

라고 하면 되고, 대답은 자기 상황에 따라 말하면 되는 거야. 알았지?

준호   학생일 때는 뭐라고 답하면 좋은가요?

샘   학교를 밝히기 전에 먼저 알고 넘어가야 할 게 있구나.
음...... 대학교는 우리말 그대로 [大学校]라고 하면 [큰 학교]이라는 말이 되니까
반드시 [大学 dàxué 따쉬에],
대학원은 [研究所 yánjiūsuǒ 옌지우쏘어],
또 단과대학은 [学院 xuéyuàn 쉬에위엔],
전문대학은 [专科学院 zhuānkē xuéyuàn 쫜~커 쉬에위엔]이라고 불러.
특히 [学院]은 대학이지 우리말의 [학원]이 아니야.
우리말의 학원은 중국어로 [补习班 bǔxíbān 뿌시빤]이라고 하지.

준호   고등학교, 중학교, 초등학교는 뭐라고 합니까?

샘   고등학교는 [高中 gāozhōng 까오쫑~],
중학교는 [初中 chūzhōng 추~쫑~]이나 [中学 zhōngxué 쫑~쉬에],
초등학교는 [小学 xiǎoxué 씨아오쉬에]라고 하니까 이참에 전부 알아 둬.

지연   샘, 본론으로 넘어가죠.

샘   그래, 학생의 경우라면 이렇게 대답하면 될 것 같다.

我是学生, 我上北京大学。
Wǒ shì xuésheng, wǒ shàng Běijīng dàxué.

워 스~ 쉬에성~, 워 쌍~ 베이찡 따쉬에. / 나는 학생인데, 북경대학에 다녀요.

여기서 [上]은 [위]가 아니라 [가다],
그러니까 [上北京大学]은 북경대학에 다닌다는 뜻이고,
[在+장소+동사] 즉 [...에서 ...한다]는 형식으로도 말할 수 있어.

我在三育大学念书。 Wǒ zài Sānyù dàxué niànshū.

워 짜이 싼위 따쉬에 니엔슈~. / 나는 삼육대학에서 공부합니다.

단어 [念书 niànshū 니엔슈~ / 공부하다]

지연   어느 대학에 다니느냐, 몇 학년이냐, 전공은 뭐냐 등등은 어떻게 묻죠?

샘   이런? 갑자기 질문이 막 쏟아지네? 먼저 학교를 물어볼 때는 이렇게 말해.

你上哪个大学? Nǐ shàng nǎ ge dàxué? 니 쌍~ 나 거 따쉬에?
/ 어느 대학에 다니니?

我上山东大学。 Wǒ shàng Shāndōng dàxué. 워 쌍~ 싼~똥 따쉬에.
/ 산동대학에 다녀.

그 다음 몇 학년이냐고 물어보자.
[몇]이냐는 의문사 [几 jǐ 찌]와 [학년]이라는 [年级 niánjí 니엔찌]를 써서,

你是几年级? Nǐ shì jǐ niánjí? 니 스~ 찌 니엔찌? / 몇 학년이니?

我是三年级。 Wǒ shì sān niánjí. 워 스~ 싼 니엔찌. / 3학년이야.

이라고 하면 되는데,
전공이 뭐냐고 할 때는 두 가지 방법으로 말할 수 있겠다.
전공은 중국어로 [专业 zhuānyè 쫜~예], 학과는 [系 xì 씨]라고 하니까
우리말과 혼동하지 말도록.

你学习什么专业? Nǐ xuéxí shénme zhuānyè? 니 쉬에시 션~머 쫜~예?
/ 전공이 뭐니?

我学习汉语。 Wǒ xuéxí Hànyǔ. 워 쉬에시 한위. / 중국어를 공부하고 있어.

你念哪一系? Nǐ niàn nǎ yi xì? 니 니엔 나 이 씨? / 너는 무슨 과에 다니니?

我念中文系。 Wǒ niàn Zhōngwénxì. 워 니엔 쭝~원씨. / 중국어과에 다녀.

그리고 졸업했을 때는 이렇게 말하면 돼.

你是哪个大学毕业的? Nǐ shì nǎ ge dàxué biyè de?
니 스~ 나 거 따쉬에 삐예 더? / 어느 대학을 졸업하셨나요?

我是北京大学毕业的。 Wǒ shì Běijīng Dàxué biyè de.
워 스~ 베이찡 따쉬에 삐예 더. / 북경대학을 졸업했어요.

단어 [毕业 biyè 삐예 / 졸업하다]

끝으로 어느 학과 출신이냐고 묻고 대답하는 표현으로 넘어가자.

你是哪一系毕业的? Nǐ shì nǎ yi xì biyè de?

니 스~ 나 이 씨 삐예 더? / 당신은 무슨 과를 나왔나요?

我是英文系毕业的。 Wǒ shì Yīngwénxì biyè de.

워 스~ 잉원씨 삐예 더. / 영문과를 나왔습니다.

준호 [哪个大学]에서 [个 ge 꺼]는 뭐에요?

샘 음......, 우리말에서 사물을 셀 때, 1개, 2권, 3장, 4마리...... 등으로 세지?
여기서 사물을 세는 단위인 [개·권·장·마리] 등을
중국어에서 양사(量词)라고 해. 무슨 사?

지연 양사!

샘 양사에는 명량사(名量词)와 동량사(动量词)로 나뉘는데,
방금 말한 개·권·마리 등은 명사를 세는 거니까 명량사,
그리고 3번, 4차례와 같이 동작을 세는 양사를 동량사라고 하지.
자, 여기서 중요한 규칙을 하나 말할 테니 잊으면 절대 안 돼.
[하나, 둘, 셋...] 하고 수를 세는 수사,
그리고 몇이냐고 수를 묻는 의문사 [几 jǐ 찌]는
곧바로 명사를 수식하지 않고 중간에 양사를 넣어야 한다는 얘기야.
그래서, [책 3권]은 [三书]가 아니고,
책을 세는 양사 [本 běn 뻔]을 넣어서
[三本书 sān běn shū 싼 뻔 슈~],
[몇 권의 책]은 [几书?]가 아닌 [几本书? 찌 뻔 슈~]라고 해.

민석 아하!

샘   [这·那·哪]와 같은 대사의 경우도 주로 그래.

[이 사람]은 [这人]이라 안 하고 양사 [个 ge 꺼]를 넣어 [这个人]이라 하니까.

이런 식으로 미루어 짐작할 수 있겠지?

준호   어렵네요. 중국어에 양사는 많은가요?

샘   종류가 꽤 될 걸?

[개 한 마리]와 같이 [개]를 세는 데는 아무래도 [마리]라는 양사가 어울리지?

이렇게 해당명사를 세는 적합한 양사를 전용양사(专用量词)라고 해.

그런데 일일이 다 기억하지 못할 때는 그냥 [个]로 대신할 때가 많아.

물론 전용양사를 사용하는 게 가장 좋지만.

자, 그럼 상점[商店 shāngdiàn 쌍~띠엔]을 가리켜

[一家商店 yì jiā shāngdiàn 이 찌아 쌍~띠엔]이라 한다면,

여기서 [家 jiā 찌아]가 뭘 뜻하는지 이해되겠지?

지연   집이나 회사 등을 세는 양사!

샘   맞았어. 양사는 시험에 잘 나오니까.

이참에 중요한 전용양사 몇 개만 예를 들을게.

음……, 먼저 명량사!

1. 명량사 : 수사·几·(这·那·哪)+양사+명사

个 ge 꺼 / 일반양사(개)

把 bǎ 빠 / 자루 달린 물건(자루)

包 bāo 빠오 / 꾸러미(갑)

本 běn 뻔 / 책, 사전(권)

家 jiā 찌아 / 집, 회사

所 suǒ 쏘어 / 학교, 가옥

位 wèi 웨이 / 사람의 존칭(분)

张 zhāng 쨩~ / 종이, 평평한 것(장)

封 fēng f펑 / 봉지, 봉투(봉)

架 jià 찌아 / 비행기, 기계틀(대)

打 dǎ 따 / 12개, 타스

节 jié 찌에 / 수업시간

刻 kè 커 / 15분

块 kuài 콰이 / 덩어리, 돈

名 míng 밍 / 사람(명)

支 zhī 쯔~ / 펜, 연필(개비, 자루)

只 zhī 쯔~ / 동물, 새(마리)

件 jiàn 찌엔 / 옷(벌), 사건

이밖에도 많이 있는데, 자꾸 쓰다보면 저절로 외워지니까 너무 겁먹지
마라.

2. 동량사 : 동사 + 수사 + 양사

동량사의 경우는 명량사의 용법과 달리 동사 뒤에 수사와 양사를 놓은데,
이러한 동량사는 [次 cì 츠, 回 huí 호이, 遍 biàn 삐엔, 趟 tàng 탕] 등이
있어.

看了一次。Kàn le yí cì. 칸 러 이 츠 / 한 번 보았다.

来了几回。Lái le jǐ huí. (을)라일 러 찌 호이 / 여러 번 왔다.

念了三遍。Niàn le sān biàn. 니엔 러 싼 삐엔 / 3번 읽었다.

走了一趟。Zǒu le yí tàng. 저울 러 이 탕 / 한 차례 갔다 왔다.

자, 그럼 계속해서 진도 나가자.

준호   샘, 학생 말고 다른 직업의 경우도 알고 싶어요.

샘   그럼 뭐 이렇게 말하면 되지 않겠어?

我是公务员(医生, 律师, 大学教授)。
Wǒ shì gōngwùyuán(yīshēng, lǜshī, dàxué jiàoshòu)

워 스~ 꽁우위엔(이성~, (을)뤼스, 따쉬에 찌아오셔~우). / 나는 공무원(의사, 변호사, 대학교수)입니다.

> **단어** [公务员 gōngwùyuán 꽁우위엔 / 공무원], [医生 yīshēng 이성~ / 의사],
>
> [律师 lǜshī (을)뤼스~ / 변호사], [大学教授 dàxué jiàoshòu 따시웨 찌아오셔~우 / 대학교수]

민석   샘, 그런 좋은 직업 말고요.

샘   직업에 귀천이 어디 있어?
의사니 변호사니 교수니 옛날 얘기지, 요즘 다 어렵다니까?
스트레스가 장난 아니란다. 그래서 공무원이 최고라던데......
뭐 그것도 봐야 알지. 암튼 돈이 있으면 누구나 하는 게 장사니까.

我做生意。 Wǒ zuò shēngyi. 워 쮀 썽~이. / 나는 장사를 합니다.

我经营一家餐厅。 Wǒ jīngyíng yì jiā cāntīng.

워 찡잉 이 찌아 찬팅. / 나는 음식점을 하나 경영하고 있어요.

> **단어** [做生意 Wǒ zuò shēngyi 쮀 썽이 / 장사하다], [经营 jīngyíng 찡잉 / 경영하다]
>
> [餐厅 cāntīng 찬팅 / 음식점]

준호   회사원의 경우는요?

샘   글쎄, 여러 가지로 한 번 말해볼까?
우선 어느 회사에 다니느냐, 회사에서 뭐 하냐고 물어보자.

你在哪个公司工作? Nǐ zài nǎ ge gōngsī gōngzuò?

니 짜이 나 꺼 꽁쓰 꽁쭤? / 어느 회사에서 일하세요?

我在出版社上班。 Wo zài chūbǎnshè shàngbān.

워 짜이 추~빤쎠~ 쌍~빤. / 저는 출판사에서 근무합니다.

你们公司做什么? Nǐmen gōngsī zuò shénme?

니먼 꽁쓰 쭤 선~머? / 당신 회사는 뭘 하지요?

我们组装电脑。 Wǒmen zǔzhuāng diànnǎo.

워먼 주쭈~앙 띠엔나오. / 우리는 컴퓨터를 조립합니다.

단어 [出版社 chūbǎnshè 추~빤쎠~ / 출판사], [组装 zǔzhuāng 주쭈~앙 / 조립하다],

[电脑 diànnǎo 띠엔나오 / 컴퓨터]

퀴즈!
[上班 shàngbān 쌍빤]은 [출근하다, 근무하다]는 뜻인데, 반대말은 뭘까?

지연 [下班 xiàbān 씨아빤]이요!

샘 맞았어!
이번에는 회사 규모가 어떤지, 회사에 들어간 지 얼마나 되었냐고 물어
보자.

你们公司有多大? Nǐmen gōngsī yǒu duō dà?

니먼 꽁쓰 여우 뚸 따? / 당신 회사는 얼마나 큽니까?

我们公司有五百多人。 Wǒmen gōngsī yǒu wǔbǎi duō rén.

워먼 꽁쓰 여우 우빠이 뚸 렌~. / 우리 회사는 500명이 넘어요.

민석   샘, 앞 문장의 [多 duō 뛰]와 뒤 문장의 [多]는 같은 뜻인가요?

샘   잘 지적했다. [多]는 원래 [많다]는 형용사지만,
          형용사 앞에서는 [얼마나?] 하는 뜻의 의문사로도 쓰이고,
          수량을 표시하는 말 뒤에 붙으면 [...이상],
          즉 해당 수량을 넘는다는 뜻을 나타내기도 해.

민석   네에.

샘   기왕 얘기가 나왔으니까 다른 표현들을 좀 더 알아보자.

你什么时候进公司的? Nǐ shénme shíhou jìn gōngsī de?
니 선~머 스~허우 찐 꿍쓰 더? / 당신은 언제 회사에 들어갔나요?

三年以前。 Sānnián yǐqián. 싼 니엔 이치엔. / 3년 전에요.

你在那儿工作多久了? Nǐ zài nàr gōngzuò duō jiǔ le?
니 짜이 나알 꿍쭤 뛰 지울 러? / 거기서 얼마나 일했나요?

已经干了七年了。 Yǐjīng gàn le qī nián le.
이찡 깐 러 치 니엔 러. / 벌써 7년을 일했어요.

단어 [进 jìn 찐 / 들어가다], [以前 yǐqián 이치엔 / 전], [已经 yǐjīng 이찡 / 벌써],

      [干 gàn 깐 / ...을 하다]

휴~ 숨차다. 뭐 이 정도면 충분할 것 같다.
여기서 [有多大?]나 [多久?]에 대해 궁금할 텐데,

준호   네!

샘   [多 duō 뛰]에 대해 다시 한 번 설명할게.

[多 duō 뚸]는 원래 [많다]는 형용사라고 방금 말했지?

그런데 이것이 형용사 앞에서 쓰여 [多+형용사],

또는 [有+多+형용사] 형식이 되면,

[얼마나...한가?] 즉 [多]가 [얼마나]라는 의문사가 되거든?

그러니까 당연히 의문 어기조사 [吗]는 없어야 원칙이고.

그리고 [십, 백, 천, 만+ 多]는 [多]가 그 숫자 이상이라는 것을 표시해.

민석   샘, [几 jǐ 찌]와 [多少 duōshao 뚸쌰오~]는 어떤 차이가 있나요?

샘   대개 [几]는 10미만의 수에,

그리고 [多少]는 10이상의 수를 물을 때 사용한다고 보면 돼.

你几岁? Nǐ jǐ suì? 니 찌 쒜이? / 너 몇 살이니?

多少钱? Duōshao qián? 뚸샤오~ 치엔? / 얼마예요?

단어 [岁 suì 쒜이 / 해, 년], [钱 qián 치엔 / 돈]

민석   샘, [1, 2, 3, 4 ...]와 같은 숫자를 아직 정확하게 안 배웠는데요.

샘   잠깐! 숫자는 다음 시간에 제대로 공부할 거니깐.

민석   아? 네에......

지연   호호호!

준호   사업이나 장사하는 사람한테 더 할 말은 없습니까?

제가 장사에 관심이 많거든요.

샘   좋아, 무슨 장사를 하느냐, 사업은 잘 되냐고 물어보자.

你做什么生意? Nǐ zuò shénme shēngyi? 니 쭤 선~머 썽~이?

/ 어떤 사업하세요?

我开了一家铺子。 Wǒ kāi le yì jiā pùzi. 워 카일 러 이찌아 푸즈.

/ 점포 하나를 열었어요.

生意怎么样? Shēngyi zěnmeyàng? 썽~이 전머양? / 장사는 어때요?

不怎么样。 Bù zěnmeyàng. 뿌 전머양. / 별로예요.

做生意不容易吧! Zuò shēngyi bù róngyi ba! 쭤 썽이 뿌 롱~이 바!

/ 사업하기 쉽지 않죠?

嗯, 赚钱不容易。 Ng, zhuàn qián bù róngyi. 응, 쫜~치엔 뿌 롱~이.

/ 네, 돈 벌기가 쉽지 않네요.

단어 [开 kāi 카이 / 열다], [铺子 pùzi 푸즈 / 가게], [容易 róngyi 롱~이 / 쉽다],

[赚钱 zhuànqián 쫜~치엔 / 돈을 벌다]

여기서 [不+怎么样]은 [어떠하지 않다] 즉 별로 신통치 않다는 말이야.
그리고 [做生意+不容易]나 [赚钱+不容易]를 잘 해석해봐.
[장사하는 것이 쉽지 않다], [돈 버는 것이 쉽지 않다]지?
이렇게 중국어는 [동사+목적어]가 합쳐서 […하는 것, …하기]라는 식으로
문장의 주어로도 활용된다는 점을 명심해!
그나저나 지연이는 왜 아무 말도 안 하지? 재미없어?

지연   중국어로 대답해도 되나요?

샘   당근이지!

지연   我对这些问题不兴趣!

준호, 민석 ……?

샘   대단하다! 전치사 [对 duì 뛔이 / …에 대해]를
        목적어 [这些问题 zhèxiē wèntí 쩌~시에 원티 / 이런 문제들] 앞에 써서
        […에 대해 …하다]라는 형식을 만들어 내다니 말이야.
        게다가 [어느 정도, 약간]의 뜻으로 개략적인 수량을 나타내는
        양사의 복수형 [这些 zhèxié 쩌시에 / 이것들],
        [那些 nàxiē 나시에 / 저것들, 그것들]이라는 말도 알고 있구나.
        구체적인 예를 들어볼까.

        这些人 zhèxiē rén 쩌~시에 렌~ / 이 사람들
        那些东西 nàxiē dōngxi 나시에 똥시 / 저 물건들, 그 물건들

        이제 더 말 안 해도 이 [些 xiē 시에]가 어떻게 쓰이는지 알겠지?

준호   아하!

샘   그런데 지연아, 아까 [我对这些问题不兴趣!]라고 했는데,
        여기서 [관심 없다]는 뜻으로 말한 [不兴趣]는 [兴趣 xìngqù 씽취 / 취미, 흥미]
        가 명사니까 [我对这些问题没有兴趣!]라고 해야 옳아.
        아니면 동사 [感 gǎn 느끼다]을 써서 [不感兴趣]라고 하든가

지연   헉! 그래요?

준호   하하하! 老师, 她对这些问题没有兴趣!

샘   맞았어! 그렇게 말해야지!

지연   ……

샘   지연아, 신경 쓰지 마, 틀릴 수도 있는 거지!
        중국어를 잘하려면 맞든 틀리든 지연이처럼 용감하게 얘기하는 게 필요해.
        오늘은 너무 많은 걸 배웠다.
        내일 진도 나가려면 복습을 철저히 하도록!

지연   ……

준호   민석아, 가자! 하하하!

지연   哼, 你们等着瞧! Hng, nǐmen děng zhe qiáo! 흥, 니먼 덩 저~ 치아오!

준호   민석아, 저게 무슨 말이니?

민석   영화에서 들어봤는데, 아마 [흥, 어디 두고 보자]는 뜻일 걸. 하하!

주소·나이·숫자·띠

샘   오늘은 뭘 할까?

민석   어디에 살고 있냐고 묻고 싶어요.

샘   아마 지난 시간에 비슷한 표현을 배웠을 거다.

你住哪儿? Nǐ zhù nǎr? 니 쭈 나알? / 어디 사세요?

我住在首尔郊外。 Wǒ zhù zài Shǒu'ěr jiāowài.

워 쭈~ 짜이 셔~우얼 찌아오와이. / 서울 교외에 살아요.

단어 [首尔 Shǒu'ěr 셔~우얼 / 서울], [郊外 jiāowài 찌아오와이 / 교외]

준호   샘, [你住哪儿?]에서 [在]가 빠졌어요.

샘   음, [살다]는 동사 [住 zhù 쭈~]는 [...에 살다]는 뜻도 되니까
        [...에]라는 전치사 [在]가 없어도 돼.

민석   거리는 어떻게 묻나요?

샘   음...... 그때는 이렇게 말해.

离这儿远吗? Lí zhèr yuǎn ma? (을)리 쩌~알 위엔 마? / 여기서 멀어요?

我觉得不太远。 Wǒ juéde bú tài yuǎn. 워 쥐에더 뿌 타이 위엔.

/ 별로 먼 것 같지는 않아요.

단어 [远 yuǎn 위엔 / 멀다 ↔ 近 jìn 찐 / 가깝다]

준호 샘, [离 lí (을)리]는 뭐고 또 [觉得 juéde 쮀에더]는 뭡니까?

샘 지연아, [离]가 뭐지?

지연 전치사요!
명사나 대사 앞에 붙어 시간·장소·방향·대상·원인·방식·비교
등등을 나타내는 전치사 중 하나예요.

샘 맞았어. 전치사는 이따 다시 정리하자.
아무튼 [离 lí (을)리]는 명사나 대사 앞에 붙어
[...로부터, ...에서]라는 뜻을 나타낸다고 보면 돼.
그래서 [离+这儿+远]은 [여기에서 멀다]는 뜻이고,

지연 샘, 전치사 [离]는 [你从哪儿来?]의 [从 cóng 총]과 비슷한가요?

샘 맞아. 전치사 [从]도 [离]와 비슷하게
시간이나 장소를 표시하는 명사 앞에 붙어서 [...에서, ...부터]라는 뜻으
로 쓰여.
특히 [从]은 [从A到B] 즉 [A에서 B까지]의 형식으로도 자주 사용되지.

从韩国到中国 Cóng Hánguó dào Zhōngguó 총 한궈 따오 쯍~궈 / 한국에서 중국까지

또 [觉得]는 [...한 생각이 들다]는 화자의 주관적인 느낌을 가리키는 말
이야.

준호 아하!

민석 샘, 집에 가는데 시간이 얼마나 걸리느냐는 말은 어떻게 해요?

샘 이때는 [要 yào 야오]를 쓰는데,
여기서의 [要]는 [...해야 한다]는 조동사가 아니라,
[필요하다, 요구되다]는 원래 동사의 뜻으로 사용된 거고.

你到家要多少时间? Nǐ dào jiā yào duōshao shíjiān?

니 따오 찌아 야오 뚸샤~오 스~찌엔? / 집에 가는 데는 얼마나 시간이 걸리죠?

坐地铁差不多要一个钟头。

Zuò dìtiě chàbuduō yào yí ge zhōngtou

쭤 띠티에 챠~부뛰 야오 이 꺼 쫑~터우. / 전철 타고 약 1시간 걸려요.

단어 [时间 shíjiān 스~찌엔 / 시간], [地铁 dìtiě 띠티에 / 전철],

여기서 [差不多 chàbuduō 챠~부뛰]는
[差 chà 챠] 즉 [차이]가 [不多 bùduō 뿌뛰] 즉 [많지 않다]니까
결국 [거의, 약, 대충]이라는 뜻이고,
[钟头 zhōngtou 쫑~터우]는 [1시간, 2시간...] 하며 시간을 세는 단위야.

지연   샘, [你到家]에서 [到 dào 따오]는 보어가 아니고
[오다, 가다]라는 동사죠?

샘   응, 근데 이 [到]가 [到+장소+(오다·가다)]는 형식으로 쓰일 때는
[...에, ...로]라는 전치사로 변하는 거 배웠던가?
아 참, [上 shàng 쌍~]도 [가다]는 동사로도 쓰이지만
[到]와 같은 방식으로 [...에, ...로]라는 전치사로 쓰일 때가 있어.
아마 배웠을 걸? 예를 들어볼게.

我要到那边去。 Wǒ yào dào nàbiān qù. 워 야오 따오 나삐엔 취. / 나 저쪽에 가야 해.
你到这儿来吧. Nǐ dào zhèr lái ba. 니 따오 쩌~알 라이 바. / 너 이쪽으로 와봐.
你上哪儿去? Nǐ shàng nǎr qù? 니 쌍~ 나알 취? / 너 어디에 가니?

자, 이제 또 무슨 말을 해볼까?

준호   샘, 나이요.

샘   나이? 처음 만난 사람에게 나이를 묻기는 좀 그렇겠지만
     한 번 나이순으로 말해볼게.

小朋友, 你几岁? Xiǎo péngyou, nǐ jǐ suì?

씨아오 펑여우, 니 찌 쒜이? / 꼬마야, 너 몇 살이니?

我十二岁。 Wǒ shí èr suì. 워 스~ 알 쒜이. / 12살이요.

你多大了? Nǐ duō dà le? 니 뚸 딸 러? / 나이가 얼마죠?

我二十三岁。 Wǒ èrshí sān suì. 워 알스~ 싼 쒜이. / 23살입니다.

您多大年纪? Nín duō dà niánjì? 닌 뚸 따 니엔찌? / 나이가 어떻게 되시죠?

今年三十八岁。 Jīnnián sānshí bā suì. 찐니엔 싼스~ 빠 쒜이.

/ 금년 38세입니다.

您多大岁数? Nín duō dà suìshu? 닌 뚸 따 쒜이슈~?

/ 연세가 어떻게 되십니까?

六十岁。 Liùshí suì. (을)리우스~ 쒜이. / 60입니다.

단어 [年纪 niánjì 니엔찌 / 나이], [岁数 suìshu 쒜이슈 / 연세]

어때, 묻는 방법이 나이에 따라 약간씩 다르지?
특히 [你几岁? Nǐ jǐ shuǐ? 니 찌 쒜이?]는 어린아이한테나 묻는 말이니까
사용에 주의해야 한다.

지연   샘, 생년월일을 물어도 되지요?

샘   물론이지. 직접 몇 살이냐고 나이 묻기가 거북하면
       몇 년 생이냐고 상대방의 출생년도를 묻는 것도 좋은 방법이겠다.

你是哪年生的? Nǐ shì nǎ nián shēng de? 니 스~ 나 니엔 셩~ 더?

/ 몇 년 생이세요?

我是一九八零年生的。 Wǒ shì yī jiǔ bā líng nián shēng de。

워 스~ 이 지우 빠 링 니엔 셩~ 더. / 1980년생입니다.

여기서 연도를 읽을 때는 숫자 하나하나 따로 떼어 읽어야 해.

一九七九年 yī jiǔ qī jiǔ nián 이 지우 치 지우 니엔 / 1979년
二〇〇七年 èr líng líng qī nián 얼 링 링 치 니엔 / 2007년

참, 숫자를 말할 때 [二 èr 얼] 대신 [两 liǎng (을)리앙]을 많이 써.
숫자에 대해서는 다시 얘기할 테니, 일단 이것만 공부하고 넘어가자.

一 yī 이 1	二 èr 얼 2	三 sān 싼 3	四 sì 쓰 4
五 wǔ 우 5	六 liù (을)리우 6	七 qī 치 7	八 bā 빠 8
九 jiǔ 지우 9	十 shí 스~ 10		
百 bǎi 빠이 100	千 qiān 치엔 1000		
万 wàn 완 10000	亿 yì 이 100,000,000(억)		

준호   샘, 여태까지 가만히 있었는데, 아무래도 궁금해서 물어봐야겠어요.

[哪年生的 Nǎ nián shēng de ~나 니엔 성~ 더]에서 [哪年]이라 하셨죠?
앞에서 분명히 [수사·几+양사+명사]의 형식을 지켜야 하고
또 [这·那·哪]와 같은 대사의 경우도 거의 그렇다고 하셨는데,
그럼 [哪]는 뒤에 양사가 있어야 하는 거 아닙니까?

샘   정말 칼같이 지적했다. 잘 한번 그 이유를 생각해 봐.
[年 nián 니엔]은 뭐지?
우리가 1년, 2년, 3년 할 때 해를 세는 양사야 아니야?
양사라고 할 수 있지?

준호   그야 그렇죠.

샘   그러니까 양사의 성격을 지닌 [年]과 같은 명사 앞에서는
양사를 붙이지 않아도 되는 경우가 있는 거야.
날짜를 세는 [天 tiān 티엔]도 마찬가지고.
그래서 해나 날을 셀 때,
가령 [3년간]을 그냥 [三年 sānnián 싼니엔]이라고 하고,
[5일간]을 [五天 wǔtiān 우티엔]이라 해야지,
양사를 붙여서 [三个年], [五个天]이라고 하지 않걸랑.

준호   아하!

샘   또 수사 [一]의 경우는 생략이 가능해.
그래서 [哪一年]을 [哪年], [这一个]를 [这个],
[那一个]를 [那个], [哪一个]를 [哪个]라고도 하지.
단, 달[月 yuè 위에]이나 주[礼拜 lǐbài (을)리빠이]를 셀 때는
양사를 필요로 해,
그래서 [三月]처럼 양사를 생략하면 [3월]이 되고,
[三个月]처럼 양사 [个]가 있어야 비로소 3개월이라는 뜻이 되거든.

今天是五月八号(日)。 Jīntiān shì wǔyuè bā hào(rì).
     찐티엔 스~ 우위에 빠하오(르~). / 오늘은 5월 8일이다.

他休息了五个月八天。 Tā xiūxi le wǔ ge yuè bā tiān.

　　　　　　타 씨우실 러 우 꺼 위에 빠티엔. / 그는 5개월 8일을 쉬었다.

已经等了五个礼拜。 Yǐjīng děng le wǔ ge lǐbài.

　　　　　　이찡 덩 러 우 꺼 리빠이. / 벌써 5주를 기다렸다.

단어 [号 hào 하오, 日 rì 르~ / 날짜를 말할 때], [天 tiān 티엔 / 날짜를 셀 때],

[礼拜 lǐbài (을)리빠이 / 주]

준호　무슨 띠냐고 물을 때는 어떻게 말해요?

샘　　띠는 이렇게 말해.

你生肖属什么? Nǐ shēngxiào shǔ shénme? 니 셩~씨아오 슈~ 션~머?

/ 너 무슨 띠니?

我属牛, 你呢? Wǒ shǔ niú, nǐ ne? 워 슈~ 니우, 니 너? / 난 소띠야, 너는?

我是鸡年生的, 我属鸡。 Wǒ shì jīnián shēng de, wǒ shǔ jī.

워 스~ 찌니엔 셩~ 더, 워 슈~ 찌. / 나는 닭띠 해에 났으니, 닭띠야.

단어 [生肖 shēngxiào 셩~씨아오 / 띠], [牛 niú 니우 / 소], [鸡 jī 찌 / 닭], [马 mǎ 마 / 말],

[龙 lóng (을)롱 / 용], [狗 gǒu 꺼우 / 개] ……

여기서 [属 shǔ 슈~]는 [...에 속한다]는 뜻이니까,

[你属什么? Nǐ shǔ shénme? 니 슈~ 션~머?]는

12띠 중 [어디에 속하세요?] 즉 무슨 띠냐는 얘기야.

지연이는 무슨 띠지?

지연　我 属 龙 Wǒ shǔ lóng. 워 슈~ 롱. / 저는 용띠예요.

준호　헐! 여자가 용띠면? 어쩐지 똑똑하고 보통이 넘는 것 같더라.

민석   샘, 전치사나 좀 정리해 주세요. 수능 때문에 그래요.

샘   알았어, 알았다고. 좌우지간 민석이 덕분에 문법은 꽉 잡겠다!

* 전치사(前置詞)

시간, 장소, 방향

在 zài 짜이 / …에서

从 cóng 총 / …로부터

离 lí 리 / …로부터

向 xiàng 씨앙 / …쪽으로, …를 향해

往 wǎng 왕 / …쪽으로

到 dào 따오 / …로, …에

上 shàng 쌍 / …로, …에

대상

跟 gēn 껀 / …에게, …한테

对 duì 뚸이 / …한테, …에 대해

给 gěi 게이 / …한테, …에게

对于 duìyú 뚸이위 / …에 대해

关于 guānyú 꽌위 / …에 관해

把 bǎ 빠 / …을

连 lián (을)리엔 / …조차, …마저

원인

为 wèi 웨이·为了 wèile 웨일러 / … 때문에, …을 위하여

由于 yóuyú 여우위 / …로 인해

방식

按照 ànzhào 안짜~오 / …대로

根据 gēnjù 껀쮜 / …을 근거로

피동, 사역

被 bèi 뻬이 / …에게 …하도록 당하다

叫 jiào 찌아오 / …에게 …하도록 당하다, …에게 …하게 하다

让 ràng 랑~ / …에게 …하도록 당하다, …에게 …하도록 시키다

비교 및 배제

比 bǐ 삐 / …보다

除 chú 추~ · 除了 chúle 출~러 / …을 제외하고

이 정도는 다 외워야 해. 자, 오늘은 여기까지 하자.

민석   전화번호 묻고 답하는 법만 더 가르쳐 주세요.

준호   중국 돈의 단위에 대해서도 설명해 주세요.

샘   알았어, 알았어, 이제 그만 물어봐라.
     전화번호는 [电话号码 diànhuà hàomǎ 띠엔화 하오마]라고 해.

你的电话号码是多少? Nǐ de diànhuà hàomǎ shì duōshào?

니 더 띠엔화 하오마 스~ 뚸샤~오? / 당신 전화번호가 몇 번이지요?

我的电话号码是(02) 348-1789。

Wǒ de diànhuà hàomǎ shì líng èr sān sì bā yāo qī bā jiǔ.

워 더 띠엔화 하오마 스~ (을)링 알 싼 쓰 빠 야오 치 빠 지우.

/ 내 전화번호는 0 2 3 4 8 1 7 8 9입니다.

민석   샘, 저기……

샘   알아, 뭘 물어보려고 하는지.

전화번호나 방 번호 같은 것을 말할 때는
숫자 [一 yī 이]가 [七 qī 치]와 발음과 비슷해서
듣는 사람이 혼동할 염려가 있기 때문에 [야오]라고 발음해.

민석 　아~

샘 　그리고 중국 화폐 단위인 [元 yuán 위엔]인데,
1元은 우리 돈 약 200원 정도 되나?
지연아, 최근에 중국에 갔다 온 적 있으니까
네가 중국 돈에 대해서 설명해 주겠니?

지연 　예, 중국 돈의 공식적 단위에는
[元 yuán 위엔], [角 jiǎo 찌아오], [分 fēn 펀]이 있는데요.
보통 구어에서는
[元]대신 [块 kuài 콰이],
[角]대신 [毛 máo 마오]로 통해요.
그리고 1元(块) = 10角(毛) = 100分이에요.

준호, 민준 　......?

지연 　아이 참! 직접 가서 돈을 써보면 누가 가르쳐 주지 않아도
다 알게 된다니까!

샘 　맞다, 맞아! 하하하!

결혼·가족 관계·고향

샘   자, 오늘은 알고 싶은 게 또 뭐야? 아무거나 말해봐.

준호   샘, 결혼과 가족에 대해 묻고 싶어요.

샘   그래, 먼저 결혼했는지 3가지 스타일로 물어보자.
           지연아, [...했습니까?]라고 묻는 의문문 형식에는 어떤 것들이 있지?

지연   [...了吗?], [...了没有?], 그리고 [...有没有...?]가 있어요.

샘   그렇지! [结婚 jiéhūn 찌에혼 / 결혼하다]를 가지고 얘기해 보자.

你结婚了吗? Nǐ jiéhūn le ma? 니 찌에혼 러 마? / 당신 결혼했나요?

我已经结婚了。 Wǒ yǐjīng jiéhūn le. 워 이찡 찌에혼 러. / 벌써 했습니다.

你结婚了没有? Nǐ jiéhūn le méiyǒu? 니 찌에혼 러 메이여우? / 결혼했나요?

还没有结婚。 Hái méiyǒu jiéhūn. 하이 메이여우 찌에혼. / 아직 결혼 안 했습니다.

你有没有结婚? Nǐ yǒu méi yǒu jiéhūn? 니 여우 메이 여우 찌에혼?
                                            / 결혼했나요?

没有。 Méiyǒu. 메이여우. / 안 했어요.

나이가 들었지만 결혼을 못했다면 이렇게 핑계를 대면 돼.

因为工作太忙，没有时间找对象。

Yīnwèi gōngzuò tài máng, méiyǒu shíjiān zhǎo duìxiàng.

인웨이 꽁쭤 타이 망, 메이여우 스~찌엔 쟈~오 뛔이씨앙.

/ 왜냐면 일이 너무 바쁘기 때문에 상대를 찾을 시간이 없어서요.

还没有找到合适的对象。

Hái méiyǒu zhǎo dào héshì de duìxiàng。

하이 메이여우 쟈~오 따오 흐어스~ 더 뛔이씨앙. / 아직 적당한 짝을 찾지 못해서요.

我打算找工作以后再结婚。

Wǒ dǎsuan zhǎo gōngzuò yǐhòu zài jiéhūn

워 따쏸 쟈~오 따오 꽁쭤 이허우 짜이 찌에훈. / 일자리를 찾은 다음 결혼할 겁니다.

> **단어** [找 zhǎo 쟈오 / 찾다], [对象 duìxiàng 뛔이씨앙 / 상대],
>
> [合适 héshì 흐어스 / 적당하다, 적합하다]

마지만 문장에 나오는 [再 zài 짜이]는 [다시]라는 뜻으로 보면 안 돼.
아직 결혼도 안한 사람이 재혼할 수는 없잖아?

준호 맞아요. 그렇다면 어떻게 [再]가……

샘 이 [再]는 앞의 [了 le (을)러]라든가 [...以后 yǐhòu 이허우] 가 있으면
[...을 하고 난 다음에]로 해석하면 돼.

준호 아하!

샘 그나저나 결혼했으면 아이가 있어야 당연하겠지?

지연 호호호! 꼭 그런 건 아니에요.

샘 하긴 뭐……, 그래도 결혼해서 아이가 없다면 재미없을 텐데.
어쨌든 아이는 몇이나 있는지 물어보자.

你有几个孩子? Nǐ yǒu jǐ ge háizi? 니 여우 지 꺼 하이즈?

/ 아이가 몇 명 있어요?

我有两个孩子。 Wǒ yǒu liǎng ge háizi. 워 여우 (을)리앙 꺼 하이즈. / 둘이요.

男的还是女的? Nánde háishi nǚde? 난더 하이스 뉘더?

/ 아들인가요 아니면 딸인가요?

一个男孩儿, 一个女孩儿。 Yí ge nánhár, yí ge nǚhár.

이 꺼 난할, 이 꺼 뉘할. / 하나는 남자아이, 하나는 여자아이입니다.

단어 [孩子 háizi 하이즈 / 아이], [男的 nánde 난더 / 남자], [女的 nǚde 뉘더 / 여자]

여기서 [还是 háishi 하이스]는 [역시, 아무래도]라는 부사이기도 하지만,
[A+还是+B?]의 형식으로 접속사로 사용되면
[A인가 아니면 B인가?], [A한가 아니면 B한가?]는 뜻이 돼.
이때 문장 끝의 의문어기조사 [吗]는 없어야 한다는 점을 유의해야 한다.

민석   네에······

준호   가족들은 어떻게 소개합니까?

샘   그래, 이번엔 가족에 대해 알아볼까?

你家有几口人? Nǐ jiā yǒu jǐ kǒu rén? 니 찌아 여우 찌 커우 렌~?

/ 너희 집은 몇 식구니?

我家有五口人。 Wǒ jiā yǒu wǔ kǒu rén. 워 찌아 여우 우 커우 렌~.

/ 우리 집은 5식구야.

여기서 [口 kǒu 커우]가 뭐게?

지연   양사!

샘   맞아. 식구는 한자로 [食口]라고 쓰지?
그래서 [口]는 즉 가족을 세는 단위 즉 양사로 사용되는데,
그만큼 가장으로서는 가족을 먹여 살리는 게 제일 큰 문제라서 그런 거 아닐까?

준호   샘, [你家有哪些人?]의 [些 xiē 시에]는 뭡니까?

샘   준호야, 앞에서 배웠잖아?
[一些 yìxiē 이시에]나 앞의 수사[一]을 생략한 [些]는
[조금, 약간, 몇, 얼마간]이라는 셀 수 있는 사물의 복수를 나타내는 복수형 양사로서,
[이것들]은 [这一些 zhè yì xiē 쩌~이시에]나 [这些 zhèxiē 쩌~시에],
[저것들, 그것들]은 [那一些 nà yì xiē 나이시에]나 [那些 nàxiē 나시에],
[어떤 것들]은 [哪一些 nǎ yì xiē 나이시에]나 [哪些 nǎxiē 나시에]라고 해.

준호   아하!

샘   [(一)些]는 주로 [(一)些 + 명사]의 형식으로 [...것들]의 뜻으로 쓰이는데, 꼭 집어서 말하자면,
[些]는 [个]와 같이 셀 수 있는 모든 양사의 복수형이라고 기억해 둬!

민석   네에.

샘   그 다음, 구체적인 가족 사항은 이렇게 말하면 돼.
아빠는 [빠]로 끝나서 [爸爸 bàba 빠바],
엄마는 [마]로 끝나니 [妈妈 māma 마마],
할아버지가 부르면 [예, 예]하니까 [爷爷 yéye 예예],
할머니는 나이가 곱절로 많으니까 [奶奶 nǎinai 나이나이]라고 한다면
금방 외워지겠지?

你家有哪些人? Nǐ jiā yǒu nǎ xiē rén? 니 찌아 여우 나 시에 렌~?

/ 너희 집에는 누가 있니?

爷爷·奶奶·爸爸·妈妈, 两个哥哥,
一个弟弟,

Yéye·nǎinai·bàba·māma, liǎng ge gēge, yí ge dìdi,

예예, 나이나이, 빠바, 마마, (을)리앙 꺼 꺼거, 이 꺼 띠디,

/ 할아버지, 할머니, 아빠, 엄마, 형 둘, 남동생 하나,

一个姐姐, 一个妹妹和我, 一共有十口人。

yí ge jiějie, yí ge mèmei hé wǒ, yígòng yǒu qī kǒu rén

이 꺼 찌에지에, 이 꺼 메이메이 흐어 워, 이꽁 여우 스~ 커우 렌~.

/ 누나 하나, 여동생 하나와 나, 모두 10식구야.

단어 [哥哥 gēge 꺼거 / 형, 오빠], [弟弟 dìdi 띠디 / 남동생], [姐姐 jiějie 찌에지에 / 누나, 언니],
[妹妹 mèmei 메이메이 / 여동생]

휴~되게 많다. 전부 열 식구라네!

민석   샘, [一共 yígòng 이꽁]은 뭡니까? [都 dōu 또우]와 다른가요?
수능 땜에 그래요.

샘   둘 다 [모두]라는 뜻이지만, [都]는 앞에 있는 다수를 총괄하는 부사이고,
[一共]은 종류의 합계를 나타낸다고 보면 돼.

민석   ……

샘   예를 들어 설명하면 이해가 될 거다.

我们都不想去。 Wǒmen dōu bù xiǎng qù. 워먼 또우 뿌 씨앙 취.
/ 우리는 모두 가고 싶지 않다.

你一共有几个? Nǐ yígòng yǒu jǐ ge? 니 이꽁 여우 지 꺼? / 너는 모두 몇 개를 갖고 있니?

민석   아하!

지연 요즘에는 식구들이 적어서 소개하기도 편할 거 같아요. 독신들도 많고.

샘 하긴 그래. 이렇게 말할 때가 많겠다.

我家只有两个人，我爱人和我。
Wǒ jiā zhǐyǒu liǎng ge rén, wǒ àiren hé wǒ.
워 찌아 즈~여우 (을)리앙 꺼 런~, 워 아이렌~ 흐어 워.
/ 우리 집에는 겨우 2식구가 있어요. 남편(아내)와 저요.

지연 샘, 독신의 경우는 뭐라고 하면 좋지요?

샘 지연이, 너 혹시 독신주의자는 아니겠지?

지연 호호호! 절대 아니에요!

샘 흔히 혼자 사는 남자는 [单身汉 dānshēnhàn 딴션~한],
여자는 [单身女郎 dānshēn nǚláng 딴션~ 뉠랑]이라고 해.

我是单身汉。 Wǒ shì dānshēnhàn. 워 스~ 딴션~한. / 저는 독신남입니다.

我是单身女郎。 Wǒ shì dānshēn nǚláng. 워 스~ 딴션~ 뉠랑.
/ 저는 독신녀입니다.

준호 고향이 어디냐고 묻고 싶어요.

샘 앞에서 비슷한 표현을 배웠을 텐데, 좀 구체적으로 얘기해보자.

你老家(故乡·家乡)在哪儿?
Nǐ lǎojiā(gùxiāng·jiāxiāng) zài nǎr?
니 (을)라오찌아(꾸씨앙, 찌아씨앙) 짜이 나알? / 당신 고향이 어디입니까?

我老家在仁川。 Wǒ lǎojiā zài Rénchuān. 월 라오찌아 짜이 렌~추~안.

/ 나는 고향이 인천입니다.

我生在釜山，长在大田。

Wǒ shēng zài Fǔshān, zhǎng zài Dàtián

워 썽~ 짜이 f푸쌴~, 쟝~ 짜이 따티엔. / 나는 부산에서 태어나, 대전에서 자랐습니다.

我在首尔土生土长的。 Wǒ zài Shǒu'ěr tǔshēng tǔzhǎng de.

워 짜이 서~우얼 투셩~ 투쟝~ 더. / 저는 서울 토박이입니다.

> 단어 [老家 lǎojiā (을)라오찌아 故乡 gùxiāng 꾸씨앙 家乡 jiāxiāng 찌아씨앙 / 고향],
> [生 shēng 썽~ / 태어나다], [长 zhǎng 쟝~ / 자라다],
> [土生土长 tǔshēng tǔzhǎng 투셩~ 투쟝~ / 태어나서 자라다]

민석   샘, [我在首尔土生土长的]는
[在] 앞에서 [是]가 생략된 [是...的] 용법의 문장이죠?

샘   물론이지. 오늘 수업 끝!

지연   谢谢老师, 明天见!

샘   明天见!

취미·음식

샘   오늘은 취미와 음식에 대해서 배워보자.

준호   네!

샘   우선 취미부터 시작해 볼까.
　　　[취미]는 [兴趣 xìngqù 씽취], [爱好 àihào 아이하오]
　　　또는 [嗜好 shìhào 스~하오]라고도 해.

你有什么兴趣? Nǐ yǒu shénme xìngqù? 니 여우 선~머 씽취?

/ 당신은 어떤 취미를 갖고 있나요?

我喜欢做运动。 Wǒ xǐhuan zuò yùndòng. 워 시환 쭤 윈똥.

/ 운동하기를 좋아합니다.

你的爱好是什么? Nǐ de àihào shì shénme?

니 더 아이하오 스~ 션~머? / 취미가 뭡니까?

我最喜欢爬山。 Wǒ zuì xǐhuan páshān. 워 쮀이 시환 파싼~.

/ 등산을 가장 좋아합니다.

你有什么嗜好? Nǐ yǒu shénme shìhào? 니 여우 선~머 스~하오?

/ 어떤 취미를 갖고 계세요?

我的嗜好是听音乐。 Wǒ de shìhào shì tīng yīnyuè.

워 더 스~하오 스~ 팅 인위에. / 나의 취미는 음악 감상입니다.

여기서 [喜欢 xǐhuan 시환]은 [좋아하다, ...하는 것을 좋아하다],
그러니까 [喜欢+명사]는 [...을 좋아하다]이고,

[喜欢+동사+목적어]는 [...하는 것을 좋아한다]는 얘기야.

민석   샘, [爱好 àihào 아이하오]와 [嗜好 shìhào 스~하오]에서,
[好]가 3성인데 왜 4성으로 발음하세요?

지연   호호호! 내 그럴 줄 알았어.

샘   지연아, 넌 알지?

지연   네. [爱好]와 [嗜好]의 [好]는
[좋다]는 형용사가 아니라 [좋아하다]는 동사인데요.
[好]가 [좋아하다]는 동사일 때는 [hǎo]라고 하면 안 되고 [hào]라고 발음
해요.
이런 글자를 가리켜 한 글자가 여러 음으로 발음된다고 해서
다음자(多音字)라고 하던가?

민석   헉!

샘   민석아, 알겠어?

민석   네!

샘   어쨌든 취미도 여러 가지 있는데,
[영화 감상]은 [看电影 kàn diànyǐng 칸 띠엔잉],
[낚시]는 [钓鱼 diàoyú 띠아오위],
[우표 수집]은 [收集邮票 shōují yóupiào 셔~우찌 여우퍄오],
[소설 읽기]는 [看小说 kàn xiǎoshuō 칸 씨아오슈~어],
[수영하기]는 [游泳 yóuyǒng 여우용] 등등 알아 놓으면 말하기 편할 거야.

준호   어떤 음식을 좋아하느냐는 뭐라고 합니까?

샘   그래, 제일 중요한 게 바로 먹는 문제지.
어떤 음식을 좋아하고 또 음식이 구미에 맞는지 물어보자.

你喜欢吃什么菜? Nǐ xǐhuan chī shénme cài? 니 시환 츠~ 션~머 차이?

/ 어떤 음식을 좋아하세요?

我最爱吃中国菜。 Wǒ zuì ài chī Zhōngguó cài.

워 쮀이 아이 츠~ 쫑~궈차이. / 중국음식을 가장 좋아합니다.

中国菜好吃吗? 味道怎么样?

Zhōngguó cài hǎochī ma? Wèidao zěnmeyàng?

쫑~궈차이 하오츠~ 마? 웨이따오 전머양? / 중국음식이 맛있나요? 맛이 어때요?

很好吃, 不过有的菜太油腻。

Hěn hǎochī, búguò yǒude cài tài yóunì.

헌 하오츠~, 부꿔 여우더 차이 타이 여우니. / 아주 맛있어요. 그런데 어떤 음식은 너무 느끼해요.

韩国菜合你的口味吗? Hánguó cài hé nǐ de kǒuwèi ma?

한궈차이 흐어 니 더 커우웨이 마? / 한국음식은 당신 입맛에 맞아요?

韩国菜也不错, 但是有一点儿辣。

Hánguó cài yě búcuò, dànshì yǒuyìdiǎnr là

한궈차이 예 부춰, 딴스~ 여우이띠알 라. / 한국음식도 좋은데, 그러나 약간 매워요.

단어 [菜 cài 차이 / 음식, 요리], [最 zuì 쮀이 / 가장], [爱 ài 아이 / 사랑하다, …하기 좋아하다],

[味道 wèidao 웨이따오 / 맛], [油腻 yóunì 여우니 / 기름지다, 느끼하다],

[合口味 hé kǒuwèi 흐어 커우웨이 / 입맛에 맞다], [不错 búcuò 부춰 / 좋다],

[有一点儿 yǒuyìdiǎnr 여우이띠알 / 약간], [辣 là (을)라 / 맵다]

여기서 [有一点(儿)+형용사], 또는 [형용사+一点(儿)]의 형식은

[약간…하다], [좀…하다]는 뜻이니까 반드시 알아둬라.

그리고 [有一点儿 yǒuyìdiǎnr 여우이띠알]이나

[一点儿 yìdiǎnr 이띠알]에서 [一]는 생략해도 돼.

한어병음 [diǎnr]의 [n]발음은 소리 내지 않는 거 알지?

가만? 민석아, 여기서 뭐 또 알고 싶은 거 없니?

민석   글쎄요……

샘   [好吃]가 무슨 뜻일까? [좋게 먹는다]? 꼭 그럴 것 같지?

민석   네.

샘   아니야! 형용사 [好 hǎo 하오] 뒤에 동사가 붙으면
               [...하기 좋다]는 뜻이 된다는 점을 꼭 명심할 것!
               그리고 [好]의 반대말은 물론 [不好]겠지만,
               [好]대신 [어렵다]는 뜻의 [难 nán 난]을 쓰기도 하는데,
               이때 [难]을 [어렵다]라고 해석하면 바보.

            好吃 hàochī 하오츠~ / 먹기 좋다(맛있다)
            难吃 nánchī 난츠~ / 먹기 나쁘다(맛없다)

            好看 hǎokàn 하오칸 / 보기 좋다(예쁘다)
            难看 nánkàn 난칸 / 보기 나쁘다(못생겼다)

            好听 hǎotīng 하오팅 / 듣기 좋다
            难听 nántīng 난팅 / 듣기 싫다('듣기 어렵다'가 아님)

준호   샘, [有的菜]의 [有的 yǒude 여우더]는 뭐죠? [가지고 있는]라는 뜻인가요?

지연   호호호!

샘   하하하! [有的菜]의 [有的]는 [명사] 앞에서 [어떤]이란 뜻이야.
               또 [合你的口味吗?]에서 [合 hé 흐어]는 [...에 맞다]는 동사니까 알아두는
               게 좋겠지?

민석   밥을 먹었느냐고 할 때는 뭐라고 하죠?

你吃饭了没有? Nǐ chī fàn le méiyǒu?

                   니 츠~ f판 러 메이여우? / 밥 먹었니?

我吃饱了。 Wǒ chī bǎo le. 워 츠~ 빠올 러. / 먹었어.

你吃饭了吗? Nǐ chī fàn le ma? 니 츠~ f판 러 마? / 밥 먹었니?

还没有吃, 我肚子有点儿饿。
Hái méiyǒu chī, Wǒ dùzi yǒudiǎnr è.
하이 메이여우 츠~, 워 뚜즈 여우띠알 으어. / 아직 안 먹었어. 배가 좀 고프구나.

我们去吃饭吧! Wǒmen qù chī fàn ba! 워먼 취 츠~ f판 바!

/ 우리 가서 밥 먹자!

단어 [吃饭 chīfàn 츠~f판 / 밥을 먹다], [肚子 dùzi 뚜즈 / 배], [饿 è 으어 / 배고프다]

샘   그 다음 또 뭐가 궁금하지?

민석   중국인들은 함께 밥을 먹으면 돈은 주로 누가 내나요?

샘   그래, 우리는 밥을 먹으러 갈 때는 좋은데,
     밥을 먹고 나서는 계산을 누가 해야 할지 눈치 볼 때가 많지?
     아마 먼저 밥을 먹으러 가자고 한 사람이 돈을 내야 되는 게 아닌 가도
     싶고.
     그런데 중국인들은 누가 밥을 먹으러 가자고 했던 간에
     계산은 각자가 하는 게 보통이야.
     그러니까 중국인이 밥을 먹으러 가자고 했을 때
     자기 수중에 밥값이 없으면 낭패니까 절대 따라가서는 안 돼.
     상대방이 [请客 qǐngkè 칭커]라고 하면 자기가 돈을 낸다는 얘기니까
     돈이 없어도 상관없겠지만, 나중에 꼭 [回请 huíqǐng 호이칭] 해야 할 걸.

我请客! Wǒ qǐngkè! 워 칭커! / 내가 살게!

谢谢, 下次我回请。 Xièxie! Xiàcì wǒ huí qǐng.

씨에시에, 씨아츠 워 호이칭. / 고마워, 다음에는 내가 살게.

상대방이 내게 음식을 대접하는 게 부담스러우면 이렇게 말해.

个付个的怎么样? Gèfù gède zěnmeyàng? 꺼f푸 꺼더 전머양?

/ 각자 내기로 하는 게 어때?

我们来AA制吧! Wǒmen lái AAzhì ba! 워먼 라이 AA쯔~ 바!

/ 우리 더치페이 하자!

也好。 Yě hǎo. 예 하오. / 그것도 좋지.

여기서 각자 부담하는 더치페이를 중국어로
[各付各的 gèfù gède 꺼f푸 꺼더] 또는 [AA制 AAzhì AA쯔~]라고 하니까
꼭 기억해 두었다 사용해.

민석   아하!

샘   오늘 수업 끝! 今天我精神不好!

준호, 민석   ......?

지연   샘이 오늘 [精神 jīngshen 찡션~] 즉 [컨디션]이 별로 안 좋으시데.

민석   아하! 난 또 무슨 정신적인 무슨 문제가 있나 했지.

지연   너도 참! 你也真是的! 호호호!

신체·술·담배

샘   어제는 내가 감기로 고생했다. 뭐니 뭐니 해도 건강이 제일이야.

지연   그런 의미에서 오늘은 건강에 대한 표현들을 공부하는 것도 좋겠네요.

샘   그럴까? 지연아, [당신 건강하세요?]를 중국어로 뭐라고 하지?

지연   어제 학교에서 배운 내용을 참고로 말해 볼게요.
먼저 [건강하세요?] 하고 물을 때는,

你身体好吗? Nǐ shēntǐ hǎo ma? 니 선~티 하오 마?

你身体健康吗? Nǐ shēntǐ jiànkāng ma? 니 선~티 찌엔캉 마?

단어 [身体 shēntǐ 선티 / 몸], [健康 jiànkāng 찌엔캉 / 건강하다]

샘   거기에 대한 대답은 뭐가 있을까?

지연   네, 대답은 이렇게 하던데요.

我身体很健康，每天锻炼身体。
Wǒ shēntǐ hěn jiànkāng, měitiān duànliàn shēntǐ
워 선~티 헌 찌엔캉, 메이티엔 뚜안리엔 선~티. / 저는 몸이 건강해요. 매일 운동을 하거든요.

除了感冒以外，还没有得过什么大病。
Chúle gǎnmào yǐwài, hái méiyǒu dé guo shénme dàbìng.
출~러 깐마오 이와이, 하이 메이여우 드어 꿔 선~머 따삥. / 감기 말고는 아직 무슨 큰 병에 걸린 적은 없어요.

단어 [锻炼 duànliàn 똰리엔 / 단련하다], [除了…以外 chúle…yǐwài 출~러…이와이 / …을 제외하고],

[感冒 gǎnmào 깐마오 / 감기, 감기 걸리다], [得 dé 드어 / 얻다], [病 bìng 삥 / 병]

샘 　잘했다. 여기서 [除了+명사+以外]는 […을 제외하고]의 뜻이야.

음……그리고 [得病 débìng 드어삥]은 [병을 얻다, 병에 걸리다]는 뜻인데,

[得过病 dé guo bìng 드어 꿔 삥]이라고 해서

[얻다]는 동사 [得 dé 드어] 뒤에 경험을 표시하는 동태조사 [过 guo 꿔]를 붙여

[병에 걸렸던 적]이라는 뜻이 된 거야.

물론 이때 [得 dé]는 제2성으로 [얻다]는 동사니까,

앞에서 배운 [동사·형용사+(得 de) +정도보어]에서 사용된

경성 발음의 구조조사 [得 de 더]와는 완전히 다르다는 것쯤은 알고 있지?

지연 　물론이죠!

샘 　계속해서 신체적인 특징을 물어보자.

你多高? Nǐ duō gāo? 니 뚸 까오? / 너는 키가 얼마니?

我身高是一米七十五公分。

Wǒ shēngāo shì yìmǐ qīshí wǔ gōngfēn.

워 선~까오 스~ 이 미 치스 우 꽁f펀. / 내 키는 1미터 75센치야.

你多重? Nǐ duō zhòng? 니 뚸 쫑~? / 체중이 얼마니?

我体重是六十八公斤。 Wǒ tǐzhòng shì liùshí bā gōngjīn.

워 티쭝~ 스~ (을)리우스 빠 꽁찐. / 나는 체중이 68킬로그램이야.

我以前很瘦，但是最近胖了很多。

Wǒ yǐqián hěn shòu, dànshì zuìjìn pàng le hěn duō.

워 이치엔 헌 서~우, 딴스~ 쮀이찐 팡 러 헌 뚸. / 나는 전에는 꽤 말랐었는데, 그러나 최근에 많이 뚱뚱해졌어.

단어 [身高 shēngāo 션~까오 / 키, 신장], [体重 tǐzhòng 티쭝~ / 체중], [瘦 shòu 서~우 / 여위다],
[胖 pàng 팡 / 뚱뚱하다]

민석　샘, 길이와 무게 단위 좀 가르쳐 주세요.

샘　그래. 복잡하게는 말고 그냥 이 정도만 알고 넘어가자.

毫米 háomǐ 하오미 / 밀리미터
公分 gōngfēn 꽁f펀 / 센티미터
米 mǐ 미 / 미터
公尺 gōngchǐ 꽁츠~ / 미터
公里 gōnglǐ 꽁리 / 킬로미터

克 kè 크어 / 그램
公斤 gōngjīn 꽁찐 / 킬로그램

毫升 háoshēng 하오썽~ / 밀리리터
公升 gōngshēng 꽁썽~ / 리터

준호　시력과 혈액형에 대해서는 뭐라고 하죠?

샘　알았어.

你的视力怎么样? Nǐ de shìlì zěnmeyàng? 니 더 스~(을)리 전머양?
／ 시력은 어때?

左眼一点二，右眼一点零。
Zuǒyǎn yì diǎn èr, yòuyǎn yì diǎn líng.
쮜이엔 이 디엔 알, 여우이엔 이디엔 링. / 왼쪽 눈은 1.2이고, 오른쪽 눈은 1.0이야.

你的血型是什么? Nǐ de xiěxíng shì shénme? 니 더 시에씽 스~ 선~머?

/ 혈액형은 뭐니?

我的血型是A(B, O, AB)型。

Wǒ de xiěxíng shì A(B, O, AB) xíng.

워 더 시에씽 스~ 에이(삐, 오, 에이삐)씽. / 내 혈액형은 A(B, O, AB)형이야.

단어 [视力 shìlì 스~(을)리 / 시력], [左眼 zuǒyǎn 쭤이엔 / 왼쪽 눈],

[右眼 yòuyǎn 여우이엔 / 오른쪽 눈], [血型 xiěxíng 시에씽 / 혈액형]

됐지? 또 뭐 물어볼 거 없나? 이 정도면 중국어 면접도 가능하겠다.

민석   샘, 벌써 시간이 지났어요. 피곤하실 테니 오늘은 그만 쉬시죠.

지연   민석이 너 어제 술 먹었지?

민석   무슨 소리야?

지연   너, 담배도 피지?

민석   아니야, 끊은 지가 언젠데!

샘   그래, 우리의 건강을 해치는 두 가지가 있다면 바로 술과 담배일 거야.
       먼저 술에 대해 말해보자.

你也喝酒吗? Nǐ yě hē jiǔ ma? 니 예 흐어 지우 마? / 너도 술 마시니?

是的，我也喝酒，不过酒量不太好。

Shìde, wǒ yě hē jiǔ, búguò jiǔliàng bú tài hǎo.

스~더, 워 예 흐어 지우, 부꿔 지울리앙 뿌 타이 하오. / 그래. 나도 술 마셔. 하지만 주량은 별로야.

我的酒量还不错, 差不多可以喝上两瓶烧酒。

Wǒ de jiǔliàng hái búcuò, chàbuduō kěyǐ hē shàng liǎng píng shāojiǔ.

워 더 지울리앙 하이 뿌취, 챠~부뛰 커이 흐어쌍~ (을)리앙 핑 샤~오지우.

/ 나는 주량이 좋은 편이라, 거의 소주 두 병은 마실 수 있어.

我请你喝一杯酒。 Wǒ qǐng nǐ hē yì bēi jiǔ.

워 칭 니 흐어 이 뻬이 지우. / 내가 술 한 잔 살게.

来, 干杯! Lái, gānbēi! (을)라이, 깐뻬이! / 자, 건배!

为我们的友谊大家一起干杯!

Wèi wǒmen de yǒuyì dàjiā yìqǐ gānbēi!

웨이 워먼 더 여우이 따찌아 이치 깐뻬이! / 우리의 우정을 위해 모두 함께 건배!

단어 [喝酒 hē jiǔ 흐어 지우 / 술을 마시다], [酒量 jiǔliàng 지울리앙 / 주량], [瓶 píng 핑 / 병],

[烧酒 shāojiǔ 샤~오지우 / 소주], [杯 bēi 뻬이 / 잔], [干杯 gānbēi 깐뻬이 / 건배하다],

[友谊 yǒuyì 여우이 / 우정, 우의]

준호   샘, [喝上 hē shàng 흐어쌍~]의 [上]은 보어 같은데, 무슨 보어죠?

샘   응, 나중에 또 설명할 기회가 있겠지만,
[上]은 어떤 기준에 접근하거나
폐쇄·도달·시작과 계속·첨가의 뜻을 표시하는 방향보어의 일종인데,
여기서는 [소주 2병 정도는 마실 수 있다]는 기준에 접근함을 나타낸다
고 봐야 해.
그리고 [为 wèi 웨이]나 [为了 wèile 웨일러] 뒤에 목적어가 있으면
[…을 위해, …때문에]라는 뜻이고.

지연   샘, 저는 술을 못 마시는데요.

샘   정말? 술을 못 마실 때는 이렇게 말하면 되겠지.

我不会喝酒, 一喝酒就脸红。

Wǒ bú huì hē jiǔ, yì hē jiǔ jiù liǎn hóng.

워 뿌 호이 흐어 지우, 이 흐어 지우 찌울 리엔 홍. / 나는 술을 못 마셔. 마시면 금방 얼굴이 빨개져서.

단어 [脸 liǎn (을)리엔 / 얼굴], [红 hóng 홍 / 붉다]

음......, 여기의 [一喝酒就脸红]처럼 [...하면 곧 ...하다]는 문장을 만들려면 [一... 就...] 형식을 사용하면 돼. 예를 들어 볼게.

我一看就知道。 Wǒ yí kàn jiù zhīdao. 워 이 칸 찌우 쯔~따오. / 나는 척 보면 알아.
他一吃饭就上厕所。 Tā yì chī fàn jiù shàng cèsuò. 타 이 츠~f판 찌우 쌍~ 츠어쏘어.

/ 그는 밥을 먹자마자 화장실에 간다.

단어 [厕所 cèsuò 츠어쏘어 / 화장실]

민석　아하!

샘　그 다음 담배에 관한 회화를 보자.

你抽烟吗? Nǐ chōuyān ma? 니 쳐~우이엔 마? / 너 담배 피니?

我不抽。 Wǒ bù chōu. 워 뿌 쳐~우. / 나 안 피워.

我戒烟了。 Wǒ jièyān le. 워 찌에이엔 러. / 나는 담배를 끊었어.

我也知道抽烟对身体不好,

Wǒ yě zhīdao chōuyān duì shēntǐ bù hǎo,

워 예 쯔~따오 쳐우~이엔 뛔이 션~티 뿌 하오, / 나도 흡연이 몸에 해롭다는 것은 알지만,

但是我抽得很凶，一天抽一包。

dànshì wǒ chōu de hěn xiōng, yìtiān chōu yì bāo.

딴스~ 워 쳐~우 더 헌 씨옹, 이티엔 쳐~우 이 빠오.

/ 그러나 나는 담배를 많이 피워. 하루에 한 갑을 피니까.

단어 [抽烟 chōuyān 쳐~우이엔 / 담배를 피다], [戒烟 jièyān 찌에이엔 / 담배를 끊다],

[凶 xiōng 씨옹 / 심하다], [一包 yì bāo 이 빠오 / 한 갑]

미쳤군, 미쳤어! 여러분 중에 담배 피는 사람 있으면 속히 끊도록 해!

지연 Not me!

샘 세리는 영어도 꽤 하는 모양이구나!

지연 쪼끔요! 그래도 중국어가 더 재미있어요! 호호호!

민석 잘났다, 잘났어!

성격·장단점·종교·포부·중국어

샘   자, 오늘은 뭘 할까? 수준을 조금 높였으면 하는데.

준호   샘, 성격이요.

샘   성격은 [性格 xìnggé 씽거] 또는 [个性 gèxìng 꺼씽]이라고도 해.

你性格怎么样? Nǐ xìnggé zěnmeyàng? 니 씽거 전머양? / 넌 성격이 어때?

你有什么样的个性? Nǐ yǒu shénmeyàng de gèxìng?

니 여우 선~머양 더 꺼씽? / 어떤 성격을 갖고 계세요?

성격을 밝힐 때는 될 수 있으면 긍정적인 쪽을 말하는 게 좋겠지.

我性格比较开朗。 Wǒ xìnggé bǐjiào kāilǎng. 워 씽거 비찌아오 카일랑.

/ 내 성격은 비교적 명랑해.

我是个外向的人, 很喜欢交朋友。

Wǒ shì ge wàixiàng de rén, hěn xǐhuan jiāo péngyou

워 스~ 꺼 와이씨앙 더 렌~, 헌 시환 찌아오 펑여우.

/ 나는 외향적인 사람이라서, 친구 사귀길 무척 좋아합니다.

我想我有点儿内向。 Wǒ xiǎng wǒ yǒudiǎnr nèixiàng.

워 씨앙 워 여우띠알 네이씨앙. / 저는 제가 약간 내성적이라고 생각합니다.

단어 [比较 bǐjiào 비찌아오 / 비교적], [开朗 kāilǎng 카일랑 / 명랑하다],

[外向 wàixiàng 와이씨앙 / 외향적], [交 jiāo 찌아오 / 사귀다], [内向 nèixiàng 네이씨앙 / 내성적]

민석   샘, 장단점이요.

샘   장점은 [长处 chángchu 창~추~] 또는 [优点 yōudiǎn 여우디엔]이라고 해.

你的长处是什么? Nǐ de chángchu shì shénme?

니 더 창~추~ 스 선~머? / 너의 장점은 뭐지?

我很有责任感，对任何事情都很积极。

Wǒ hěn yǒu zérèngǎn, duì rènhé shìqing dōu hěn jījí.

워 헌 여우 쯔어런~깐, 뛔이 런~흐어 스~칭 또우 헌 찌지.

/ 나는 책임감이 강해서, 어떤 일이든 적극적이라는 거야.

无论做什么事，不喜欢在中途停下来。

Wúlùn zuò shéme shì, bù xǐhuan zài zhōngtú tíng xiàlai.

울론 쭤 선~머 스~, 뿌 시환 짜이 쫑~투 팅 씨알라이. / 무슨 일을 하든지, 중도에 그만 두는 걸 싫어해.

我没有什么特别的优点，

Wǒ méiyǒu shénme tèbié de yōudiǎn,

워 메이여우 선~머 트어삐에 더 여우디엔, / 저는 뭐 특별한 장점은 없지만,

要说起来，我的工作能力比较好。

yào shuō qǐlai, wǒ de gōngzuò nénglì bǐjiào hǎo.

야오 슈~어 칠라이, 워 더 꽁쭤 넝리 비찌아오 하오.

/ 굳이 말하자면, 저의 업무 능력이 비교적 뛰어나다는 것입니다.

단어 [责任感 zérèngǎn 쯔어런~깐 / 책임감], [任何 rènhé 런~흐어 / 여하한, 어떠한],

[事情 shìqing 스~칭 / 일], [积极 jījí 찌지 / 적극적인], [无论 wúlùn 울론 / 물론],

[中途 zhōngtú 쫑~투 / 중도], [停 tíng 팅 / 멈추다], [能力 nénglì 넝리 / 능력]

누구나 자기 단점은 잘 밝히지 않는 법이지만 그래도 한번 짚고 넘어

가자.

단점은 [短处 duǎnchu 뚜안추~] 또는 [缺点 quēdiǎn 취에디엔]이라고 하지.

你认为自己有哪些短处? Nǐ rènwéi zìjǐ yǒu nǎxiē duǎnchu?

니 렌~웨이 쯔지 여우 나시에 뚜안추~? / 당신은 자신이 어떤 단점들을 갖고 있다고 여기시죠?

我太怕羞, 应该多开放自己, 多和人交往。

Wǒ tài pàxiū, yīnggāi duō kāifàng zìjǐ, duō hé rén jiāowǎng

워 타이 파씨우, 잉까이 뚸 카이f팡 쯔지, 뚸 흐어 렌~ 찌아오왕.

/ 저는 너무 부끄럼을 타요. 자신을 많이 개방하고 사람들과 많이 교제해야겠어요.

단어 [认为 rènwéi 렌~웨이 / 인식하다, 여기다], [怕羞 pàxiū 파씨우 / 부끄럼을 타다],

[开放 kāifàng 카이f팡 / 개방하다], [交往 jiāowǎng 찌아오왕 / 교제하다]

솔직히 자기 단점을 굳이 이러쿵저러쿵 밝힐 필요는 없으니까 이 정도
만 하자.

민석   샘, [多 duō 뚸]가 동사 앞에 붙으면 [많이 …하다]라는 뜻이 되는군요.

준호   앞에서 배웠잖아? 내가 두 문장을 예로 들게.

请多指教 Qǐng duō zhǐjiào. 칭 뚸 즈~찌아오. / 많이 지도해 주세요.

多吃一点儿 Duō chī yìdiǎnr. 뚸 츠~ 이띠알. / 많이 드세요. 좀 더 드세요.

샘   그래, 준호가 내 대신 설명 잘했다.

지연   헐, 누가 물어봤나?

준호   샘, 종교에 대한 말도 가르쳐 주세요.

샘   알았어. 종교라?
여기에는 기본적으로 [믿다]는 동사 [信 xìn 씬]이 사용돼.

你信什么宗教? Nǐ xìn shénme zōngjiào? 니 씬 선~머 쫑찌아오?

/ 너는 어떤 종교를 믿니?

你的宗教信仰是什么? Nǐ de zōngjiào xìnyǎng shì shénme?

니 더 쫑찌아오 씬이앙 스~ 선~머? / 당신의 종교 신앙은 무엇입니까?

단어 [宗教 zōngjiào 쫑찌아오 / 종교], [信仰 xìnyǎng 씬이앙 / 신앙]

이때 대답은 각 사람이 믿는 종교에 따라 다르겠지?
종교 하면 기독교와 불교가 대표되니까 두 가지만 말해보자.

我是基督教徒, 我信耶稣。

Wǒ shì Jīdūjiàotú, wǒ xìn Yēsū.

워 스~ 찌뚜찌아오투, 워 씬 이에쑤. / 나는 기독교인이야. 예수님을 믿지.

我信佛教。 Wǒ xìn fójiào. 워 씬 f포어찌아오. / 나는 불교를 믿습니다.

단어 [基督教徒 jīdūjiàotú 찌뚜찌아오투 / 기독교인], [耶稣 Yēsū 이에쑤 / 예수님],

[佛教 fójiào f포어찌아오 / 불교]

민석 샘, 저는 아무 종교도 믿지 않는데요.

샘 그럼 이렇게 말하면 되겠네.

我不信宗教。 Wǒ bú xìn zōngjiào. 워 뿌 씬 쫑찌아오. / 나는 종교를 안 믿어요.

준호 장래 희망에 대한 표현들도 알고 싶어요.

샘 그럼 먼저 지연이한테 물어볼게.

你对将来有什么抱负? Nǐ duì jiānglái yǒu shénme bàofù?

니 뛔이 찌앙라이 여우 선~머 빠오f푸? / 너는 장래에 어떤 포부를 가지고 있니?

단어 [将来 jiānglái 찌앙라이 / 장래], [抱负 bàofù 빠오f푸 / 포부]

지연 ......

샘 지연아!

你的将来抱负是什么? Nǐ de jiānglái bàofù shì shénme?

니 더 찌앙라이 빠오f푸 스~ 선~머?

지연 ......

민석 [당신은 장래 어떤 포부를 갖고 있나요?],
[당신의 장래 포부는 무엇입니까?]라고 묻는 거 아닌가요?

샘 그래, 민석이가 정확히 맞혔다.

민석 헐, 대박!

지연 제가 잠시 딴 생각을 했었나 봐요.

我想当翻译。 Wǒ xiǎng dāng fānyi. 워 씨앙 땅 f판이.

/ 나는 통역사가 되고 싶어요.

단어 [当 dāng 땅 …이 되다], [翻译 fānyi f판이 / 통역하다, 통역사]

샘 잘했다.
장래 희망은 [...이 되다]는 동사 [当 dāng 땅]이라는 단어만 확실히 기억하면
[当+직업]의 형식으로 충분히 말할 수 있을 거야.

지연 솔직히 아까 무슨 말인지 알아듣지 못했는데……

민석 샘, 어제 제가 중국인을 만났는데, 중국어로 몇 마디 하니까
　　　저더러 [你中文说得很好]라고 하던걸요.

샘　　당연하지! 여태까지 배운 것들이 어딘데?

민석 그래서 중국어에 관한 표현들도 익혀야 할 것 같아요.

샘　　좋아!

你会说中文吗? Nǐ huì shuō Zhōngwén ma? 니 호이 슈~어 쭝~원 마?
　　　　　　　　　　　　　　　　　　/ 너 중국어 할 줄 아니?

一点点。 Yìdiǎndian. 이띠엔디엔. / 조금.

会是会，但是说得不太好。
Huì shi huì, dànshì shuō de bú tài hǎo
호이 스~ 호이, 딴스~ 슈~어 더 뿌 타이 하오. / 할 줄 알긴 아는데, 하지만 별로 잘 못해.

준호 샘, [会是会 huì shi huì 호이 스~ 호이]는 뭐죠?

샘　　간단히 말해서 [동사+是+동사] 또는 [형용사+是+형용사] 형식으로
　　　똑같은 동사나 형용사가 [是]를 사이에 두고 반복되면
　　　[…하긴 …하는데]라는 뜻이 되거든.

준호 아하!

지연 흥! 샘, 진도 나가죠.

샘　　예를 더 들어보자.

你中文说得很好。 Nǐ Zhōngwén shuō de hěn hǎo.

니 쯩~원 슈~어 더 헌 하오. / 당신 중국어를 잘 하시네요.

不敢当, 还差得远呢。 Bù gǎndāng, hái chà de yuǎn ne.

뿌 깐땅, 하이 챠~ 더 위엔 너. / 천만에요, 아직 멀었어요.

민석   구조조사 [得 de]를 사용한 정도구문이네요.

샘   맞아! 준호랑 민석이 중국어 실력이 점점 좋아지고 있구나.
이제 무엇을 잘하는지 못하는지 정도를 표시할 때 쓰는
[구조조사(得)+정도보어] 형식을 충분히 이해하겠지?

준호, 민석   네!

샘   계속해서 중국어를 얼마나 어디에서 배웠는지 하는 말을 공부해보자.

汉语你学了多长时间? Hànyǔ nǐ xué le duō cháng shíjiān?

한위 니 쉬엘러 뚸 챵~ 스~찌엔? / 중국어를 얼마나 배웠나요?

刚开始学。 Gāng kāishǐ xué. 깡 카이스~ 쉬에. / 막 배우기 시작했어요.

我汉语学了三个月了。 Wǒ Hànyǔ xué le sān ge yuè le.

워 한위 시웰 러 싼 꺼 위엘 러. / 나는 중국어를 3개월 배웠어요.

汉语你在哪儿学的? Hànyǔ nǐ zài nǎr xué de?

한위 니 짜이 나알 쉬에 더? / 중국어를 당신은 어디서 배웠죠?

我在补习班学的。 Wǒ zài bǔxíbān xué de. 워 짜이 뿌시빤 쉬에 더.

/ 저는 학원에서 배웠습니다.

중국어에 관해서는 뭐 이 정도면 대화가 되지 않을까?

준호   충분해요.

샘   자, 오늘 수업은 여기까지!

민석   谢谢老师!

샘   没什么!

지연   헐…; 준호오빠랑 민석이 실력이 정말 많이 늘었네.
그런데 내가 괜히 짜증나는 이유는 뭘까? 전공자로서의 당연한 스트레스?
좀 더 지켜보자! 아직은…

날씨·무엇·소유·존재·초대·방문

샘 자, 여태까지 배운 거 다 외웠겠지?
앞으로 더 다양한 주제를 가지고 거기에 대한 기본 표현들을 공부할 건데,
뭐부터 할까?

준호 샘, 날씨부터 시작하죠.

샘 그래. 날씨부터 알아보자. 대개 중국어 회화 책을 보면 이런 게 나와 있어.

今天天气怎么样? Jīntiān tiānqì zěnmeyàng?

찐티엔 티엔치 전머양? / 오늘 날씨 어때요?

天气很好。 Tiānqì hěn hǎo. 티엔치 헌 하오. / 날씨가 좋아요.

天气冷不冷? Tiānqì lěng bu lěng? 티엔치 렁 뿔 렁? / 날씨가 추워요?

不冷不热。 Bù lěng bú rè. 뿔 렁 뿌 러~. / 춥지도 덥지도 않아요.

下雨吗? Xiàyǔ ma? 씨아위 마? / 비가 오나요?

下雨。 Xiàyǔ. 씨아위. / 비가 와요.

下雪吗? Xiàxuě ma? 씨아쉐에 마? / 눈이 오나요?

不下雪。 Bú xiàxuě. 뿌 씨아쉬에. / 눈이 안 와요.

刮风吗? Guāfēng ma? 꽈f펑 마? / 바람이 불어요?

风刮得很厉害。 Fēng guā de hěn lìhai. f펑 꽈 더 헌 (을)리하이.

/ 바람이 심하게 부네요.

단어 [天气 tiānqì 티엔치 / 날씨], [冷 lěng (을)렁 / 춥다], [热 rè 러~ / 덥다],

[下雨 xiàyǔ 씨아위 / 비가 오다], [下雪 xiàxuě 씨아쉬에 / 눈이 오다],

[刮风 guāfēng 꽈f펑 / 바람이 불다], [厉害 lìhai (을)리하이 / 심하다]

준호 샘, [비가 오다], [눈이 오다], [바람이 불다]는
왜 [雨下], [雪下], [风刮]라고 안한 거죠?

샘 아, 그건 중국어만의 특성이야.
그러니까 굳이 우리 식으로 [주어+동사] 형식을 생각하지 말고
그냥 [下雨], [下雪], [刮风]을 한 데 묶어
[비 내리다], [눈 내리다], [바람 불다]는 뜻으로 간주해라.

민석 선생님, 날씨는 사계절에 따라 다른데, 그때는 뭐라고 합니까?

샘 그래, 우리나라 경우를 들어 말해보자.

韩国的天气怎么样? Hánguó de tiānqì zěnmeyàng?

한궈 더 티엔치 전머양? / 한국의 날씨는 어때요?

四季分明, 春天暖和, 夏天热,
秋天凉快, 冬天冷。

Sìjì fēnmíng, chūntiān nuǎnhuo, xiàtiān rè, qiūtiān liángkuai, dōngtiān lěng.
쓰찌 f펀밍, 춘~티엔 누안훠, 씨아티엔 르~어, 치우티엔 (을)리앙콰이, 똥티엔 (을)렁.
/ 사계절이 분명해서, 봄은 따뜻하고, 여름은 덥고, 가을은 서늘하고, 겨울은 추워요.

단어 [四季 sìjì 쓰찌 / 사계절], [分明 fēnmíng f펀밍 / 분명하다],

[春天 chūntiān 춘~티엔 / 봄], [暖和 nuǎnhuo 누안훠 / 따뜻하다],

[夏天 xiàtiān 씨아티엔 / 여름], [秋天 qiūtiān 치우티엔 / 가을],

[凉快 liángkuai (을)리앙콰이 / 시원하다], [冬天 dōngtiān 똥티엔 / 겨울]

그 다음 뭘 또 말할까? 생각 안나?

민석　이건 뭐고 저건 뭐냐는 묻고 대답하는 말을 가르쳐 주세요.

샘　　그래, 다시 기본으로 돌아가자. 뭘 예로 들까? 음......

这是什么? Zhè shì shénme? 쪄 스 션~머? / 이것은 무엇입니까?

这是书。 Zhè shì shū. 쪄~ 스~ 슈~. / 이것은 책입니다.

어떤 것이 뭐냐고 물을 때는 이렇게 [什么]를 사용해서 말하면 되는데,
[什么]는 또 [어떤, 무슨]이냐는 뜻이 될 때도 있어.

这是什么书? Zhè shì shénme shū? 쪄~ 스~ 션~머 슈~?

/ 이것은 무슨 책입니까?

这是英文书。 Zhè shì Yīngwénshū. 쪄~ 스~ 잉원슈~. / 이것은 영어책입니다.

민석　샘, 그러니까 [什么]는 혼자 있으면 [무엇]이지만,
　　　[什么+명사]인 경우는 [어떤, 무슨]의 뜻으로 쓰이는 것을 보니
　　　마치 영어의 [what]이 의문대명사나 의문형용사로 쓰이는 것과도 같네요.

샘　　그래 맞아. 그럼 이번에는 저것은 뭐냐고 물어볼까?

那是什么? Nà shì shénme? 나 스~ 션~머? / 저것은 뭐니?

是不是你的东西? Shì bu shì nǐ de dōngxi?

스~ 뿌 스~ 니 더 똥시? / 네 거니?

那不是我的, 是我朋友的。

Nà bú shì wǒ de, shì wǒ péngyou de.

나 뿌 스~ 워 더, 스~ 워 펑여우 더. / 그것은 내 것이 아니라, 내 친구 거야.

준호   샘, [的 de 더]가 [...의]라는 소유를 표시하는 조사로 알고 있는데요.
그래서 [你的东西]는 [너의 물건]인데,
이 [的]가 [...의 것]이라는 뜻으로도 사용되는 모양이죠?

샘   잘 봤어. [너의 물건]을 [你的东西]라고 하는데,
만일 [너의 것]이라고 할 때는
뒤에 나오는 명사 [东西]를 생략해서 그냥 [你的]라고만 하면 돼.
그럼 [넌 내 거야]는 뭐라고 하게?

민석   샘, 틀렸다고 나무라지 마세요. 혹시,

你是我的。 Nǐ shì wǒ de. 니 스~ 워 더.

라고 하면 안 될까요?

샘   아주 잘 했어. 잘 외워 뒀다가 나중에 애인이 맘 변했을 때 써먹어.

민석   애인은 무슨, 열심히 공부해야죠!
그나저나 샘, [什么, 怎么, 谁, 哪儿......] 등
의문대사를 사용한 의문문과 대답하는 방법이 따로 있나요? 수능 땜에
그래요.

샘   그야 아주 간단하지.
      의문문에서 무엇을 묻는 단어가 의문대사지?
      그럼 그 묻는 말 즉 의문대사에 해당하는 자리에 답을 놓으면 된다는
      거야.
      백문이 불여일견! 다 배운 것들이니까 한어병음이랑 해석은 생략한다.

      <u>这是什么?</u>   这是<u>书</u>.
      这是<u>什么</u>书?   这是<u>中文</u>书.
      他是<u>哪国</u>人?   他是<u>中国</u>人
      你是<u>谁</u>?   我是<u>他的朋友</u>.
      <u>谁</u>来了?   <u>我爸爸</u>来了.
      你去<u>哪儿</u>?   我去<u>餐厅(cāntīng)</u>.

준호   샘, 화제를 바꿔서요. 중국인과 초대나 방문할 때는 어떻게 말합니까?

샘   글쎄, 음...... 먼저 초대하는 말부터 해보자.
      이때는 [请] 즉 [...에게 ...하기를 청하다]는 동사를 써야겠구나.

我想请你吃饭, 今天你有时间吗?

Wǒ xiǎng qǐng nǐ chī fàn, jīntiān nǐ yǒu shíjiān ma?

워 씨앙 칭 니 츠~f판, 찐티엔 니 여우 스~찌엔 마?

/ 당신한테 식사를 대접하고 싶은데, 오늘 시간 있어요?

有空到我家来玩儿, 好吗?

Yǒu kòng dào wǒ jiā lái wánr, hǎo ma?

여우 콩 따오 워 찌아 라이 왈, 하오 마? / 시간 있으면 우리 집에 놀러 오세요. 네?

상대방의 초대에 응하거나 거절하는 표현은 뭐가 있을까?

好, 我一定去。 Hǎo, wǒ yídìng qù. 하오, 워 이띵 취.

/ 좋아요. 꼭 갈게요.

对不起, 我这几天很忙, 我不能去。

Duìbuqǐ, wǒ zhè jǐ tiān hěn máng, wǒ bùnéng qù

뚜에이부치, 워 쩌~ 지티 엔 헌 망, 워 뿌넝 취. / 미안합니다. 요 며칠 바빠서 갈 수가 없네요.

단어 [一定 yídìng 이띵 / 꼭, 반드시]

다음으로 상대방을 방문하려면 먼저 허락을 받는 게 예의 상 옳겠지?

我想拜访你, 你现在方便吗?

Wǒ xiǎng bàifǎng nǐ, nǐ xiànzài fāngbiàn ma?

워 씨앙 빠이f팡 니, 니 시엔짜이 f팡삐엔 마? / 제가 방문하고 싶은데, 지금 괜찮겠어요?

现在我可以拜访您吗? Xiànzài wǒ kěyǐ bàifǎng nín ma?

시엔짜이 워 커이 빠이f팡 닌 마? / 지금 방문해도 될까요?

단어 [拜访 bàifǎng 빠이f팡 / 방문하다]

계속해서 방문을 환영하거나 거절할 때 뭐라고 하는지 볼까?

欢迎, 欢迎! Huānyíng huanying! 환잉 환잉! / 환영합니다!

不好意思, 今天不行, 改天再说吧。

Bùhǎo yìsi, jīntiān bù xíng, gǎitiān zài shuō ba.

뿌하오 이쓰, 찐티엔 뿌 씽, 까이티엔 짜이 슈~어 바.

/ 죄송하지만, 오늘은 안 되겠으니 다음에 다시 얘기합시다.

단어 [不好意思 bùhǎo yìsi 뿌하오 이쓰 / 미안하다, 쑥스럽다], [改天 gǎitiān 까이티엔 / 다른 날]

민석	아하!
샘	지연아, 넌 왜 오늘 아무 말도 안 하니?
지연	*不好意思! 这些话我已经学过的, 所以......*
민석	지연이는 벌써 다 배운 거라서 그렇다는 말이죠?
샘	그래, 민석이가 이제 어지간한 얘기는 다 알아듣는구나?
민석	학원에 다니면서 중국어가 조금씩 들리는 것 같아요.
샘	다행이다. 준호는?
준호	저도 샘 덕분에 그 정도 초보적인 회화는 다 알아들어요.
지연	헐......

약속 · 비교

샘   어제에 이어 오늘은 상대방과 약속하는 표현을 공부하자.
     가령 상대와 의논할 일이 생겨 전화를 걸어 약속하는 경우 대개 이렇게
     말할 거야.

我想跟你商量一件事，你能出来吗?

Wǒ xiǎng gēn nǐ shāngliang yí jiàn shì, nǐ néng chūlái ma?

워 씨앙 껀 니 쌍~리앙 이 찌엔 스~, 니 넝 출~라이 마?

/ 너랑 한 가지 일을 상의하고 싶은데, 나올 수 있니?

好，你要什么时候来? 我们在哪儿见面?

Hǎo, nǐ yào shénme shíhou lái? Wǒmen zài nǎr jiànmiàn?

하오, 니 야오 선~머 스~허울 라이? 워먼 짜이 나알 찌엔미엔?

/ 좋아, 너 언제 올래? 우리 어디서 만나지?

晚上八点，我在你家门口等你。

Wǎnshang bādiǎn, wǒ zài nǐ jiā ménkǒu děng nǐ

완쌍~ 빠 디엔, 워 짜이 니찌아 먼커우 덩 니.

/ 저녁 8시, 내가 너희 집 문 앞에서 기다릴게.

> **단어** [商量 shāngliang 쌍~리앙 / 상의하다], [晚上 wanshang 완쌍~ / 저녁, 밤],
>
> [门口 ménkǒu 먼커우 / 문 입구], [等 děng 덩 / 기다리다]

준호   샘, 약속 시간에 늦었을 때는 어떻게 말합니까?

샘   기다리게 해서 미안하다고 해야지 뭐.

对不起，让你久等了。 Duìbuqǐ, ràng nǐ jiǔ děng le.

뚜이부치, 랑~ 니 지우 덩 러. / 미안해, 오래 기다리게 해서.

민석   [让 ràng 랑~]에 대해서 다시 한 번 설명해 주세요.

샘   [...에게 ...하도록 시키다]는 문장을 사역문이라고 하는데,
      사역동사 [请 qǐng 칭, 让 ràng 랑~, 叫 jiào 찌아오, 使 shǐ 스~]를 써서
      [주동자+请, 让, 叫, 使+피동자+...]의 형식이 된다고 보면 돼.
      반대로 [...에게 ...당하다]는 피동문은
      전치사 [被 bèi 뻬이, 叫, 让, 给]를 써서
      [피동자+被, 叫, 让, 给+주동자+...]의 형식이 되는데,
      이때 [被, 叫, 让, 给]는 사역동사가 아닌 전치사로 사용됨을 명심해야
      한다.

민석   아하! 이제야 확실히 알 것 같다.

민석   나도 그래.
      샘, 직접 중국인을 만나러 회사 같은 곳에 갔을 때는 뭐라고 하지요?

샘   기본 회화 구문의 예를 드는 편이 빠르겠다.

请问，王先生在吗? Qǐngwèn, Wáng xiānsheng zài ma?

칭 원, 왕 시엔성~ 짜이 마? / 저 왕 선생님 계세요?

在，您是哪位? Zài, nín shì nǎ wèi?

짜이, 닌 스~ 나웨이? / 계세요. 누구시죠?

我叫郑相浩，是他的朋友。

Wǒ jiào Zhèng Xiānghào, shì tā de péngyou

워 찌아오 쩡~ 씨앙하오, 스~ 타 더 펑여우. / 저는 정상호라고 하는데, 그 분의 친구입니다.

我们约好三点见面。 Wǒmen yuē hǎo sāndiǎn jiànmiàn.

워먼 위에 하오 싼디엔 찌엔미엔. / 우리는 3시에 만나기로 약속했거든요.

단어 [约 yuē 위에 약속하다]

[在]는 [...에, ...에서]라는 전치사지만,
앞에 나온 문장에서처럼 동사로 쓰일 때는 [있다, 존재한다]는 뜻이야.
게다가 이 [在]는 동사 앞에서 부사로 사용되어
[...하고 있는 중이다]라는 진행형도 만드니까 주의해야겠지?
배웠던 거지만 다시 한 번 확인해 보자.

我在家看电视。Wǒ zài jiā kàn diànshì. 나는 집에서 TV를 본다.(전치사: ...에서)
晚上他都在。Wǎnshang tā dōu zài. 저녁에 그는 계속 있다.(동사: 있다)
我正在吃饭呢。Wǒ zhèngzài chī fàn ne. 나는 마침 밥을 먹고 있는 중이다.

(부사: 진행형)

퀴즈! [约好 yuē hǎo 위에 하오]의 [好]는 뭐게?

민석   글쎄요, 좋다는 말인 건 분명한데……

샘   지연이가 말해봐!

지연   보어에요. 동사 뒤에서 동작의 완성을 나타내는 보어.

샘   지연아, 보어가 뭔지 네가 제대로 한 번 설명해 보겠니?

지연   네! 보어란 동사나 형용사 뒤에서 그 뜻을 보충해 주는 단어를 말해요.
      다시 말해서 [约 yuē 위에]는 [약속하다]는 동사인데,
      여기에 [好]가 붙으면 즉 [이미 약속을 한 상태]를 표시하거든요.
      더 얘기할까요?

샘   좋지!

지연   보어에는 여러 가지가 있는데요. 학교에서 배운 걸 간단히 말씀드릴게요.

▌정도보어(程度补语)

정도보어는 동작이나 상태의 정도를 나타내고요.

동사나 형용사+得+정도보어(형용사, 부사, 부사+형용사)

你说得很好。 Nǐ shuō de hěn hǎo. 니 슈~어 더 헌 하오. / 너 말 잘한다.

他看得很准。 Tā kàn de hěn zhǔn. 타 칸 더 헌 죤~. / 그가 아주 정확히 보았다.

▌가능보어(可能补语)

가능보어는 동작의 결과나 상황에 도달하는 여부를 보충하는 말이에요.

동사+得(긍정) 또는 不(부정)+가능보어(下, 起, 懂, 及……)

听得懂 tīng de dǒng 팅 더 똥 / 알아듣다
听不懂 tīng bu dǒng 팅 뿌 동 / 못 알아듣다.
来得及 lái de jí (을)라이 더 지 / 시간에 댈 수 있다
来不及 lái bu jí (을)라이 뿌 지 / 시간에 늦다

▌결과보어(结果补语)

결과보어는 동작의 결과를 보충해서 나타내고요.

동사+결과보어(完, 好, 开, 住, 会, 错, 到……)

我写完了。 Wǒ kàn wán le. 워 칸 완 러. / 나는 다 보았다.
我们约好了。 Wǒmen yuē hǎo le. 워먼 위에 하올 러. / 우리는 벌써 약속했다.
把抽屉拉开。 Bǎ chōuti lā kāi. 빠 처~우티 (을)라카이. / 서랍을 열어라.
你要记住。 Nǐ yào jìzhù. 니 야오 찌 쮸~. / 너는 잘 기억해야 해.
她已经学会了。 Tā yǐjīng xué huì le. 타 이찡 쉬에 호일 러. / 그녀는 벌써 마스터했다.
你听错了。 Nǐ tīng cuò le. 니 팅 춸 러. / 너는 잘못 알아들었다.
我碰到他了。 Wǒ pèng dào tā le. 워 펑 따오 탈 러. / 나는 그를 만났다.

▌방향보어(方向补语)

방향보어는 동작의 방향을 나타내요.

한 글자로 된 것은 단순방향보어
(上, 来, 去, 起, 进, 出……),

두 글자로 된 것은 복합방향보어
(上来, 上去, 起来, 进来, 进去, 出来, 出去, 回来, 回去……)
라고 해요.

동사+방향보어(上, 来, 起来……)

可以喝上两瓶啤酒。Kěyǐ hē shàng liǎng píng píjiǔ.

커이 흐어 쌍~ (을)리앙 핑 피지우. / 맥주 2병을 마실 수 있다.

把东西买来吧. Bǎ dōngxi mǎi lái ba. 빠 똥시 마일 라이 바. / 물건을 사오너라.

天气好起来了 Tiānqì hǎo qǐlái le. 티엔치 하오 칠라일 러. / 날씨가 좋아지기 시작했다.

▌수량보어(数量补语)

수량보어는 동사나 형용사 뒤에서
동작의 진행 횟수나 사물의 크기 등 수량을 나타내는 말이에요.

동사+동량보어(수사+동량사) / 형용사+명량보어(수사+명량사)

我看过三次。Wǒ kàn guo sān cì. 워 칸 꿔 싼 츠. / 나는 3번을 본 적 있다.

他比你大三岁。Tā bǐ nǐ dà sān suì. 타 삐 니 따 싼 쒜이. / 그는 너보다 3살이 많다.

▌시간보어(时间补语)

시간보어는 동사 뒤에서 시간이나 기간을 보충하는 단어예요.

동사+시간보어

走一个钟头就到。Zǒu yí ge zhōngtou jiù dào. 저우 이 꺼 쫑~터우 찌우 따오.

/ 1시간을 가면 곧 도착한다.

我等了半天。Wǒ děng le bàntiān. 워 덩 러 빤티엔. / 나는 한참을 기다렸다.

이상이에요, 시험을 준비하며 공부했던 것들을 기억나는 대로 말했는데
맞는지 모르겠어요.

샘   너무 잘했다. 다 같이 박수!

준호, 민준   짝짝짝!!

샘   지연이는 정말 보어에 대해서만큼은 하산해도 될 거 같구나.

지연   아니에요, 호호호!

샘   자, 준호, 민석이! 알겠어?

준호, 민석   네!

민석   그런데 샘, [그는 나보다 3살 많다]를 [他比你大三岁]라고 했는데,
[많다]니까 [大 dà 따]가 아닌 [多 duō 뒤]를 써서 [他比你多三岁]라고 해
야 해요.

준호   그러게 말입니다!

지연   호호호!

샘   틀렸어! 나이가 많고 적음은 [多]와 [少]를 안 쓰고,
[大]와 [小]를 쓴단다. 이유는 묻지 마!

준호, 민준   헉!

민석   샘, 그럼 물건 사며 얼마냐고 가격을 물을 때도 [大小]를 쓰나요?

샘   지연아, 네가 설명해라.

지연   네, 그때는 [多少]를 써. 앞에서 배웠잖아?

这个多少钱? Zhège duōshao qián? 쩌~거 뚸샤~오 치엔?

라고 해야지, [这个大小钱?]이라고 하면 안돼. 호호호!
그리고 너무 비싸니까 좀 싸게 해 달라고 하려면 어떻게 말하게?

민석   멍……

지연   [비싸다]는 [贵 guì ~꾸이], [싸다]는 [便宜 piányi 피엔이]니까,

太贵了, 便宜一点儿吧。 Tài guì le, piányi yìdiǎnr ba.
/ 타이 꾸일 러, 피엔이 이띠알 바.

라고 해. 샘, 맞죠?

샘   역시 지연이답구나! 준호, 민석이, 정신 똑바로 차려!

준호, 민석   옙!!

샘   그런데 어째 모두들 비교를 표시하는 전치사 [比 bǐ 삐]에 대해서는 조용하지?

지연   아, 맞아요, 샘.
      [他比你大三岁]는 [A가 B보다 ...하다]는 뜻의 비교문(比较文)이었군요.

샘   맞았어! 이 비교문에는 3가지 형식이 있는데 어렵지 않으니
      예문을 한 개씩 외워 버려!

      첫째, A가 B보다 더 ...하다 [A+比+B+...하다]

这个比那个好。 Zhège bǐ nàge hǎo. 쩌~거 삐 나거 하오.

/ 이것이 저것보다 좋다.

      둘째, A는 B만큼 ...하지 않다 [A+没有+B+那么, 这么+비교내용]

她没有你那么漂亮。 Ta méiyǒu nǐ nàme piàoliang.

타 메이여우 니 나머 퍄올리앙. / 그녀는 너보다 예쁘지 않다.

      셋째, A는 B와 같다 [A+跟(和)+B+一样]

他跟我一样。 Tā gēn wǒ yíyàng. 타 껀 워 이양. / 그는 나와 같다.

      이상이야. 오늘은 중요한 내용을 많이 공부했으니까 복습 철저히 하도록!

지연   송지연, 그동안 실추되었던 전공자의 이미지를 완전 회복했구나.
      호호호! 아이~, 어떡해, 난 너무 잘해!

시간·요일·날짜·하루 일과

샘   오늘은 숫자 공부다. 1부터 백, 천, 만, 모두 셀 줄 알지?
     먼저 시간을 묻고 대답하는 것부터 배워볼까?

민석   샘, 어제 [시간]을 [时 shí 스~]라고 안 하고 [点 diǎn 디엔]이라고 하시던데,
      맞나요? 그럼 [분]은 뭐라고 하죠?

샘   그래. 시간은 [时]보다는 보통 [点]을 많이 사용하는 게 우리와 다르지만,
     [분]은 [分 fēn f펀], [초]는 [秒 miǎo 먀오] 똑같아.
     또 [刻 kè 커]는 1시간의 4분의 1에 해당하는 [15분] 단위를 가리키는 말
     이고.
     그러니까 지금 몇 시냐고 물을 때는 [몇]이라는 의문사 [几]를 써서,

现在几点? Xiànzài jǐ diǎn? 시엔짜이 지 디엔?

이라고 하지.
대답할 때는 [시]를 [时]라 [点]이라고 하는 것만 빼놓고 우리말과 똑같아.

7:00	七点 qīdiǎn	치디엔
7:05	七点零五分 qīdiǎn líng wǔfēn	치디엔 링 우f펀
8:15	八点十五分 bādiǎn shíwǔfēn	빠디엔 스~우f펀
	八点一刻 bādiǎn yíkè	빠디엔 이커
9:30	九点三十分 jiǔdiǎn sānshífēn	지우디엔 싼스~f펀
	九点半 jiǔdiǎn bàn	지우디엔 빤
4:55	四点五十五分 sìdiǎn wǔshíwǔfēn	쓰디엔 우스~우f펀
	五点差五分 wǔdiǎn chà wǔfēn	우디엔 챠~ 우f펀

여기서 4시 55분은 5시 5분전이지?

그럴 때는 5분 모자라는 5시라는 뜻으로 [모자라다]는 [差 chà 차~]를 써서
[五点差五分]이라고 해.

민석 아하! 쉽네요.

준호 샘, 요일은요?

샘 요일은 [星期 xīnqī 씽치]라고 하는데,
월요일은 한 주의 맨 첫째 날이니까
[星期] 다음에 [一]을 붙여 [星期一 xīngqīyī 씽치이],
다음으로 화요일은 [星期二 xīngqīèr 씽치알],
수요일은 [星期三 xīngqīsān 씽치싼],
목요일은 [星期四 xīngqīsì 씽치쓰],
금요일은 [星期五 xīngqīwǔ 씽치우],
토요일은 [星期六 xīngqīyī 씽칠리우]가 되겠네.
단, 일요일은 [天 tiān 티엔]이나 [日 rì 르~]을 붙여 [星期天 xīngqītiān 씽치티엔],
또는 [星期日 xīngqīrì 씽치르~]라고 해.

준호 무슨 요일이냐고 물을 때는 어떻게 해요?

샘 이때도 [几 jǐ 지]를 써서,

今天星期几? Jīntiān xīngqījǐ? 찐티엔 씽치지? / 오늘은 무슨 요일입니까?

라고 하고, 대답할 때는 [几]에 해당하는 글자를 그 자리에 놓으면 돼.

今天星期四。 Jīntiān xīngqīsì. 찐티엔 씽치쓰. / 오늘은 목요일입니다.

민석 샘, 요일을 물을 때는 왜 [几点?]처럼 [几]가 앞에 안 나오고
[星期几?]라 해서 [几]가 뒤에 붙는 거죠?

샘 아, 그거? [星期(一,二,三,四...?)] 할 때 숫자가 뒤에 붙으니까,

의문사[几]는 그 숫자가 뭔지를 묻는 거니까 당연히 [星期] 뒤에 있어야지.

민석 그렇군요.

샘 만일 [几]를 앞세워서 [几(个)星期?]라고 한다면 [몇 주일입니까?] 하는 뜻이야.

민석 아하!

샘 참, 그리고 말이야.
[星期]대신 [礼拜 lǐbài (을)리빠이]나 [周 zhōu 쩌~우]를 써서,
礼拜一, 礼拜二, 礼拜三, 礼拜四, 礼拜五, 礼拜六, 礼拜天
周一, 周二, 周三, 周四, 周五, 周六, 周日

라고도 하니까 알아두면 좋겠다.

지연 샘, [...은 ...이다]는 문장인데
당연히 [是]가 붙어 [今天是星期几?], [今天是星期四]라고 해야 되는 거 아닌가요?

샘 물론 그래도 돼.
그런데 시간, 요일, 날짜, 또는 출신 등을 물을 때는 대개 [是]를 생략하지.

준호 아~

샘 그나저나 오늘이 몇 월 며칠이지?

今天几月几号? Jīntiān jǐyuè jǐhào? 찐티엔 지위에 지하오?

지연 10월27일인데요.

今天十月二十七号。 Jīntiān shíyuè èrshíqīhào.
찐티엔 스~위에 알스~치하오.

샘　잘했어! [几로 묻는 말을 대답할 때는
그 [几]에 해당하는 글자를 그 자리에 놓으면 된다고 했잖아.
그리고 몇 월 며칠 할 때 날짜는 [日 rì 르~]도 사용하지만
구어체에서는 주로 [号 hào 하오]를 사용해.
이번에는 년도까지 구체적으로 말해볼까.
만일 2014년 10월 27일이면 이렇게 말하면 되겠다.

2014年十月二十七号。 èr líng yī sì nián shíyuè èrshíqīhào

알 링 이 쓰 니엔 스~위에 알스~치하오.

민석　샘, 만일 [중국에 온지 3일 되었다]라고 하려면 뭐라고 합니까?

샘　이때는 [三号]라고 하면 절대 안 돼. [我来中国有三天了。]
날짜를 셀 때는 [号 hào] 대신 [天 tiān]을 쓰니까 [三天]이라고 해야지.
또 [오늘이 무슨 날입니까?] 즉 어떤 의미 있는 날을 가리켜 말할 때는
[日子 rìzi 르~즈]를 써서

今天是什么日子? Jīntiān shì shénme rìzi? 찐티엔 스~ 션~머 르~즈?

라고 해야 하고.

지연　쉽네요. 샘, 제 하루 일과를 중국어로 말해 볼게요.

샘　좋아. 우리 한번 들어보자.

지연　잘은 못하지만 재미있게 들어주세요.

我每天六点半起床, Wǒ měitiān liùdiǎn bàn qǐchuáng,

워 메이티엔 (을)리우디엔 빤 치촹~, / 나는 매일 6시 반에 일어난다.

起床以后, 我洗脸刷牙, qǐchuáng yǐhòu, wǒ xǐliǎn shuāyá,

치촹~ 이허우, 워 씰리엔 슈~아야, / 일어나서, 나는 세수하고 이를 닦고,

然后吃早饭。 Ránhòu chī zǎofàn. 란~허우 츠~ 자오f판.

/ 그러고 나서 아침을 먹는다.

七点半，我坐车上学， Qīdiǎn bàn, wǒ zuòchē shàngxué,

치디엔 빤, 워 쭤 쳐~ 쌍~쉬에, / 7시 반에 나는 차를 타고 학교에 간다.

我八点开始上课， Wǒ bādiǎn kāishǐ shàngkè,

워 빠디엔 카이스~ 쌍~커, / 나는 8시에 수업을 시작해서,

下午四点五十分下课。 xiàwǔ sìdiǎn wǔshífēn xiàkè.

씨아우 쓰디엔 우스~f펀 씨아커. / 오후 4시 20분에 수업을 마친다.

下课以后，有时侯我去老师那儿问问题，

Xiàkè yǐhòu, yǒushíhou wǒ qù lǎoshī nàr wèn wèntí.
씨아커 이허우, 여우스~허우 워 췰 라오스 나알 원 원티,
/ 수업을 마친 후, 어떤 때는 선생님한테 가서 문제를 묻기도 하고,

有时侯我去朋友家跟她聊天儿

Yǒushíhou wǒ qù péngyou jiā gēn tā liáotiānr
여우스~허우 워 취 펑여우 찌아 껀 탈 랴오티알.
/ 어떤 때는 친구 집에 가서 그녀와 수다를 떨기도 한다.

晚上我回家休息, Wǎnshang wǒ huíjiā xiūxi,

완쌍~ 워 호이찌아 씨우시. / 저녁에는 집에 돌아와 쉬다가,

十二点睡觉。 Shí'èrdiǎn shuìjiào. 스~알디엔 쉐~이찌아오. / 12시에 잔다.

단어 [起床 qǐchuáng 치촹~ / 일어나다], [洗睑 xǐliǎn 씰리엔 / 세면하다],

[刷牙 shuāyá 슈~아야 / 이를 닦다], [然后 ránhòu 란~허우 / 그러고 나서],

[早饭 zǎofàn 자오f판 / 아침밥], [坐车 zuòchē 쭤쳐~ / 차를 타다]

[上学 shàngxue 쌍~쉬에 / 등교하다], [上课 shàngkè 쌍~커 / 수업하다],

[下课 xiàkè 씨아커 / 수업을 마치다], [聊天儿 liáotiānr (을)랴오티알 / 잡담하다],

이상입니다.

준호, 민석 와!

샘 아주 잘했어. 준호야, 이번엔 네가 한번 말해봐라.

준호 그럴까요?

我早上八点起床， Wǒ zǎoshang bādiǎn qǐchuáng,

워 자오쌍~ 치디엔 치촹~, / 나는 아침 8시에 일어나서,

九点去打工，下午三点下班。

jiǔdiǎn qù dǎgōng, xiàwǔ sāndiǎn xiàbān

지어우디엔 취 따꽁, 씨아우 싼디엔 씨아빤. / 9시에 알바 가서 오후 3시에 퇴근한다.

下班以后， Xiàbān yǐhòu, 씨아빤 이허우, / 퇴근 후에,

我去补习班学习汉语， wǒ qù bǔxíbān xuéxí Hànyǔ.

워 취 뿌시빤 쉬에시 한위. / 나는 학원에 가서 중국어를 공부한다.

晚上，我在家作练习，听光盘，

Wǎnshang, wǒ zài jiā zuò liànxí, tīng guāngpán,

완쌍~ 워 짜이 찌아 쭤 리엔시, 팅 꽝판, / 저녁에는 집에서 숙제를 하고, CD를 듣는다.

偶尔，我看电影或者跟朋友一起逛街。

ǒu'ěr, wǒ kàn diànyǐng huòzhě gēn péngyou yìqǐ guàngjiē,

어우알, 워 칸 띠엔잉 훠져~ 껀 펑여우 이치 꽝찌에.

/ 가끔, 나는 영화를 보거나 친구와 함께 거리를 돌아다닌다.

我十二点睡觉。 Wǒ shí'èrdiǎn suìjiào. 워 스~알디엔 쉐~이찌아오.
/ 나는 12시에 잔다.

단어 [打工 dǎgōng 따꽁 / 아르바이트], [练习 liànxí 리엔시 / 연습하다, 숙제하다],

[光盘 guāngpán 꽝판 / CD], [电影 diànyǐng 띠엔잉 / 영화],

[或者 huòzhě 훠져 / 또는, 혹은], [逛街 guàngjiē 꽝찌에 / 거리를 거닐다]

샘   박수!

민석, 지연 짝짝짝!

샘   됐어, 그만들 해! 자, 오늘 수업은 언제 마칠까?

지연   越快越好! Yuè kuài yuè hǎo! 위에 콰이 위에 하오!

민석   무슨 말이야?

지연   [越...越... yuè 위에] 용법인데. [...할수록 ...하다],
        그러니까 빠를수록 좋다는 말이지. 호호호!

민석   아~, [越来越...]로도 해서 [점점 ...하다]는 말도 되는데, 아닌가?

샘   민석이도 많이 컸구나. 맞아!
        그래서 가령 [越来越好] 하면 [점점 좋아진다]는 뜻이지.

준호   我越来越不行! Wǒ yuèlái yuè bùxíng! 워 위엘라이 위에 뿌씽!

샘   뭘 점점 못해? 점점 잘하면서!
        준호도 중국어 실력이 많이 늘었어. 이제 제법 응용도 할 줄 알고!

준호   谢谢老师!

지연   흥! 뭘 그 정도 가지고. 아직은 아니야....

축하·감사·사과·동의·허가

준호   샘, 오늘은 민석이 생일이래요.

샘   그래? 민석아, 생일 축하해.

祝你生日快乐! Zhù nǐ shēngri kuàilè! 쭈~ 니 썽~르~ 콰일러!

민석   谢谢!

준호   축하한다는 표현은 또 뭐가 있어요?

샘   보통 상대방에게 좋은 일이 생겼을 때 이렇게 말해.

祝贺你! Zhùhè nǐ! 쭈~흐어 니! / 축하해!

恭喜, 恭喜! Gōngxǐ gongxi! 꽁시, 꽁시! / 축하한다!

那真是好消息, 祝你幸福!
Nà zhēnshi hǎo xiāoxi, zhù nǐ xìngfú!
나 쩐~ 스~ 하오 씨아오시, 쭈~ 니 씽f푸! / 그거 정말 좋은 소식이구나. 행복을 빈다!

> 단어 [祝贺 zhùhè 쭈흐어 / 축하하다], [恭喜 gōngxǐ 꽁시 / 축하하다],
> [消息 xiāoxi 씨아오시 / 소식], [幸福 xìngfú 씽f푸 / 행복, 행복하다]

민석   고맙다는 표현도 [谢谢]라는 것 말고도 여러 가지던데요.

샘   그래, 그렇지만 별 것 아닌 걸 가지고 너무 감사하기 이를 데 없다고 말하면
       너무 오버하는 거니까 특별한 일 아니면 보통 [谢谢]라고 하는 게 좋아.

太谢谢你了。 Tài xièxie nǐ le. 타이 씨에시에 닐 러. / 너무 고맙다.

谢谢你帮我。 Xièxie nǐ bāng wǒ. 씨에시에 니 빵 워. / 도와줘서 고마워.

不知道怎么感谢你才好。 Bùzhīdào zěnme gǎnxiè nǐ cái hǎo.

뿌쯔~따오 전머 간씨에 니 차이 하오. / 어떻게 감사해야 좋을지 모르겠네요.

你帮了我一个大忙, 我很感激。

Nǐ bāng le wǒ yí ge dàmáng, wǒ hěn gǎnjī.

니 빵 러 워 이 꺼 따망, 워 헌 간찌. / 제게 커다란 도움을 주셔서 정말 감사합니다.

希望以后能报答你。 Xīwàng yǐhòu néng bàodá nǐ.

시왕 이허우 넝 빠오따 니. / 나중에 보답할 수 있게 되길 바랍니다.

谢谢你对我这么亲切。 Xièxie nǐ duì wǒ zhème qīnqiè

씨에시에 니 뛔이 워 쩌~머 친치에. / 제게 이렇게 친절히 대해 주시니 감사합니다.

단어 [感激 gǎnjī 간찌 / 감격하다], [报答 bàodá 빠오따 / 보답하다],

[亲切 qīnqiè 친치에 / 친절하다]

그리고 상대방이 고맙다고 할 때는 이렇게 대답하면 돼.

没什么。 Méi shénme. 메이 션~머. / 아무 것도 아닌 걸요.

不客气, 应该的。 Bú kèqi, yīnggāi de. 뿌 커치, 잉까이 더.

/ 별 말씀을, 당연히 그래야죠.

不要客气, 算不了什么! Búyào kèqi, suànbuliǎo shénme!

뿌야오 커치, 쏸불랴오 션~머! / 뭘요, 별 것 아닌 것 가지고!

这是我的荣幸。 Zhè shì wǒ de róngxìng. 쪄~ 스~ 워 더 롱~씽.

/ 제게는 영광이죠.

别这么说，能帮助你，我也很高兴。
Bié zhème shuō, néng bāngzhù nǐ, wǒ yě hěn gāoxìng.
삐에 쪄~머 슈~어, 넝 빵쭈 니, 워 예 헌 까오씽.
/ 그런 말씀 마세요. 당신을 도울 수 있어서 저도 기쁩니다.

> 단어 [应该的 yīnggāi de 잉까이 더 / 마땅히 그래야 할 일],
>
> [算不了 suànbuliǎo 쏸불랴오 / …라 할 수 없다]

준호 상대방에게 실수하거나 잘못해서 사과할 때는 뭐라고 합니까?

샘 이때도 보통 앞에서 배운 [对不起 duìbuqǐ 뛔이부치]라고 하면 되지만,
뭐 경우에 따라 여러 가지 표현이 나올 수 있겠지.

对不起，是我错了。 Duìbuqǐ, shì wǒ cuò le.

뛔이부치, 스~ 워 춸 러. / 미안해, 내가 잘못했다.

对不起，都是我不好。 Duìbuqǐ, dōu shì wǒ bù hǎo.

뛔이부치, 또우 스~ 워 뿌 하오. / 미안해, 모두 내 잘못이야.

真是抱歉，我不是故意的。
Zhēnshi bàoqiàn, wǒ bú shì gùyì de.
쩐~ 스~ 빠오치엔, 워 부 스~ 꾸이 더. / 정말 죄송하지만, 고의는 아니었어요.

不好意思，请多多包涵。 Bù hǎo yìsi, qǐng duōduō bāohán.

뿌 하오 이쓰, 칭 뚸뚸 빠오한. / 죄송합니다. 모쪼록 널리 양해해 주세요.

我来向你道歉。 Wǒ lái xiàng nǐ dàoqiàn. 월 라이 씨앙 니 따오치엔.

/ 당신한테 사과를 드립니다.

请原谅我。 Qǐng yuánliàng wǒ. 칭 위엔리앙 워. / 저를 용서하십시오.

我没有别的意思，请原谅我的失礼。
Wǒ méiyǒu bié de yìsi, qǐng yuánliàng wǒ de shīlǐ.
워 메이여우 삐에 더 이쓰, 칭 위엔리앙 워 더~ 스~(을)리.
/ 다른 뜻은 없었습니다. 저의 무례를 용서하십시오.

> **단어** [错 cuò 춰 / 실수, 잘못하다], [抱歉 bàoqiàn 빠오치엔 / 죄송하다],
> [故意 gùyì 꾸이 / 고의, 일부러], [包涵 bāohán 빠오한 / 용서하다, 양해하다],
> [向 xiàng 씨앙 / …를 향해], [道歉 dàoqiàn 따오치엔 / 사과하다]
> [原谅 yuánliàng 위엔리앙 / 용서하다], [失礼 shīlǐ 스~(을)리 / 실례, 무례]

상대방이 미안하다고 하면 도저히 용서할 수 없는 일이 아니고서야
사과를 받아들이는 편이 나으니까 그때는 이런 식으로 말해.

没关系，你别介意。 Méi guānxi, nǐ bié jièyì.
메이 꽌씨, 니 삐에 찌에이. / 괜찮으니 개의치 마세요.

请别放在心上。 Qǐng bié fàng zài xīnshàng. 칭 삐에 f팡 짜이 씬샹~.
/ 마음에 두지 마세요.

你不用再提了，那件事我已经忘了。
Nǐ bú yòng zài tí le, nà jiàn shì wǒ yǐjīng wàng le
니 부용 짜이 틸 러, 나 찌엔 스~ 워 이찡 왕 러.
/ 더 이상 거론하지 마세요. 그 일은 내가 벌써 잊었으니까요.

好了，好了，没有什么了。
Hǎo le, hǎo le, méiyǒu shénme le.
하올 러, 하올 러, 메이여우 선~멀 러. / 됐어요, 됐어요, 아무 것도 아닌 걸 가지고.

那是没有办法的事。 Nà shì méiyǒu bànfǎ de shì.

나 스~ 메이여우 빤f파 더 스~. / 그거야 어쩔 수 없는 일이지요.

用不着道歉。 Yòngbuzháo dàoqiàn. 용뿌쟈~오 따오치엔.

/ 사과하실 필요 없어요.

단어 [介意 jièyì 찌에이 / 마음에 두다], [放 fàng f팡 / 놓다, 두다], [心 xīn 씬 / 마음],

[提 tí 티 / 거론하다], [忘 wàng 왕 / 잊다], [办法 bànfǎ 빤f파 / 방법],

[用不着 yòngbuzháo 용뿌쟈~오 / …할 필요 없다]

뭐 이 정도면 충분할 거야.

준호　상대방에게 동의하거나 반대할 때는 어떻게 말해야죠?

샘　먼저 상대방의 의견에 수긍하거나 동의할 때는,

好主意! Hǎo zhǔyì! 하오 쭈~이! / 좋은 생각이야!

我也这么想。 Wǒ yě zhème xiǎng. 워 예 쪄~머 씨앙. / 나도 그렇게 생각해.

我懂了，我知道你的意思。
Wǒ dǒng le, wǒ zhīdao nǐ de yìsi.
워 똥 러, 워 쯔~따오 니 더 이쓰. / 알았어, 너의 뜻을 알겠어.

你说得对，我同意你的意见。
Nǐ shuō de duì, Wǒ tóngyì nǐ de yìjian.
니 슈~어 더 뛔이, 워 통이 니 더 이찌엔. / 네 말이 맞다. 나는 네 의견에 동의해.

我觉得你说得很有道理。 Wǒ juéde nǐ shuō de hěn yǒu dàoli.

워 쥐에더 니 슈~어 더 헌 여우 따올리. / 나는 네가 말하는 게 일리가 있는 것 같아.

단어 [主意 zhǔyì 쭈~이 / 생각, 아이디어], [懂 dǒng 똥 / 알다, 이해하다],

[意思 yìsi 이쓰 / 뜻, 의미], [同意 tóngyì 통이 / 동의하다],

[意见 yìjian 이찌엔 / 의견], [觉得 juéde 쥐에더 / …하게 느끼다],

[道理 dàoli 따올리 / 도리, 일리]

라고 할 수 있는데,
만일 상대방의 의견에 반대한다면 말씨를 정중히 해야 감정이 상하지
않겠지?

我不这么想。 Wǒ bú zhème xiǎng. 워 뿌 쪄~머 씨앙.

/ 나는 그렇게 생각 안 해요.

对不起, 我不能同意。 Duìbuqǐ, wǒ bùnéng tóngyì.

뛔이부치, 워 뿌넝 통이. / 미안하지만 나는 동의할 수 없습니다.

我反对你的意见。 Wǒ fǎnduì nǐ de yìjian.

워 f판뛔이 니 더 이찌엔. / 나는 당신의 의견에 반대합니다.

단어 [反对 fǎnduì f판뛔이 / 반대하다]

민석 상대방에게 허가를 구하는 말은 어떤 것들이 있나요?

샘 이때는 [...해도 좋은지] 허가를 얻어내는 상황이니만큼 좀 완곡한 표현
이 좋겠지? 그래서 주로 [可以 kěyǐ ~커이], [能 néng 넝] 등의 조동사가 사
용돼.

我可以进来吗? Wǒ kěyǐ jìnlai ma? 워 커이 찐라이 마? / 들어가도 됩니까?

我能看一下吗? Wǒ néng kàn yíxià ma? 워 넝 칸 이씨아 마?

/ 제가 좀 볼 수 있을까요?

지연아, 상대방이 이렇게 물으면 뭐라고 대답할까?

지연   글쎄요. [그렇게 해도 괜찮다]는 말은,

可以。 Kěyǐ. 커이. / 괜찮아요.

请便! Qǐng biàn! 칭 삐엔! / 좋으실 대로 하세요!

라고 하고,
[안돼요]라고 할 때는

不可以。 Bù kěyǐ. 뿌 커이.

不行。 Bùxíng. 뿌씽.

하면 될 것 같은데요.

샘   지연이가 정확히 말했다. 오늘은 여기까지, 다음 시간에 계속하자.

칭찬·질책·희망·실망·관심·위로

준호   샘, 상대방을 칭찬할 때는 뭐라고 하는 게 좋습니까?

샘   글쎄, 가령 무엇이 참 좋다거나 멋질 때는,

好极了! Hǎo jí le! 하오 질 러! / 최고야!

太好了! Tài hǎo le! 타이 하올 러! / 너무 멋지다!

挺好的! Tǐng hǎo de! 팅 하오 더! / 아주 좋아!

라고 하는데, 여기서 [형용사+极了] 또는 [挺...的]는 [매우 ...하다]는 뜻
이야.
상대방을 칭찬하는 내용도 여러 가지니까 한번 쭉 살펴보자.

你真了不起! Nǐ zhēn liǎobuqǐ! 니 쩐~ (을)랴오부치! / 너 정말 대단하다!

你真行! Nǐ zhēn xíng. 니 쩐~ 씽! / 너 정말 능력 있다!

你真有两下子! Nǐ zhēn yǒu liǎngxiàzi. 니 쩐~ 여울 리앙씨아즈!

                / 너 정말 재주 좋다!

你真勇敢。 Nǐ zhēn yǒnggǎn. 니 쩐~ 용간. / 너 정말 용감하구나!

你真能干。 Nǐ zhēn nénggàn. 니 쩐~ 넝깐. / 너 정말 수완이 좋아!

你脑筋真好。 Nǐ nǎojin zhēn hǎo. 니 나오찐 쩐~ 하오.

/ 너 머리가 정말 좋구나.

你真聪明。 Nǐ zhēn cōngming. 니 쩐~ 총밍. / 너 정말 똑똑하구나.

你很有幽默。 Nǐ hěn yǒu yōumò. 니 헌 여우 여우뭐.

/ 꽤 유머 감각이 있군요!

你做得太好了。 Nǐ zuò de tài hǎo le. 니 쭤 더 타이 하올 러.

/ 너무 잘 했어요.

단어 [了不起 liǎobuqǐ (을)랴오부치 / 대단하다], [行 xíng 씽 / 능력 있다],

[有两下子 yǒu liǎngxiàzi 여울 리앙씨아즈 / 재주가 좋다],

[勇敢 yǒnggǎn 용깐 / 용감하다], [能干 nénggàn 넝깐 / 수완이 좋다],

[脑劲 nǎojin 나오찐 / 두뇌], [聪明 cōngming 총밍 / 총명하다],

[幽默 yōumò 여우뭐 / 유머],

지연　지난번에 어떤 영화를 보니까 주인공이 상대를 비꼬면서,
[你有种! Nǐ yǒu zhǒng! 니 여우 쫑~!]이라 하던데,
[너 잘났다!]는 뜻이죠?

샘　하하하! 맞아. 하지만 그건 상대를 비꼬거나 비난할 때 사용하기도 하지.
좋은 말도 상황에 따라 다르게 쓸 수 있으니까. 우리말도 그렇잖아?

지연　그럼 상대방을 경고하거나 질책하는 말은 어떤 게 있나요?

샘　물론 상황에 따라 다르겠지. 어디 한번 볼까?

大家静一静! Dàjiā jìng yi jìng! 따찌아, 찡 이 찡! / 여러분 조용히 하세요!

请安静点儿! Qǐng ānjìng diǎnr! 칭 안찡 디알! / 좀 정숙해 주세요!

小声一点儿! Xiǎoshēng yìdiǎnr! 씨아오셩~ 이디알! / 목소리 좀 낮추세요!

你不能这么做! Nǐ bùnéng zhème zuò. 니 뿌넝 쪄~머 쭤.

/ 이렇게 하면 안 됩니다.

只有这一次, 下不为例! Zhǐyǒu zhèyícì, xiàbù wéilì!

즈~여우 쪄~이츠, 씨아뿌 웨일리. / 딱 이번 한 번이다. 다음에는 절대 안 돼.

단어 [静 jìng 찡, 安静 ānjìng 안찡 / 조용하다, 조용히 하다],

[小声 xiǎoshēng 씨아오썽~ / 작은 소리], [只有 zhǐyǒu 즈~여우 / 오직, 오로지],

[下不为例 xiàbù wéilì 씨아뿌 웨일리 / 다음에는 예외 없다]

강도를 좀 더 높여 볼까?

你也真是的! Nǐ yě zhēnshi de! 니 예 쩐~스~ 더! / 너도 참!

你太过分了。 Nǐ tài guòfèn le. 니 타이 꿔f펀 러. / 너 너무 심하다.

你真傻。 Nǐ zhēn shǎ. 니 쩐~ 싸~. / 너 정말 바보 같다.

你真笨。 Nǐ zhēn bèn. 니 쩐~ 뻔. / 너 정말 멍청하다.

放聪明一点儿! Fàng cōngming yìdiǎnr! f팡 총밍 이띠알!

/ 좀 똑똑히 굴어!

我警告你, 别吹牛了! Wǒ jǐnggào nǐ, bié chuīniú le!

워 징까오 니, 삐에 췌~이니울 러! / 경고하는데, 허풍떨지 마!

你这个傻瓜! Nǐ zhège shǎguā! 니 쩌~거 싸~꽈! / 너 이 바보야!

你这个笨蛋! Nǐ zhège bèndàn! 니 쩌~거 뻔딴! / 너 이 멍청아!

단어 [过分 guòfèn 꿔f펀 / 심하다, 지나치다], [傻 shǎ 싸~ / 바보 같다],

[笨 bèn 뻔 / 멍청하다], [警告 jǐnggào 징까오 / 경고하다],

[吹牛 chuīniú 췌이니우 / 허풍 떨다], [傻瓜 shǎguā 싸~꽈 / 바보],

[笨蛋 bèndàn 뻔딴 / 멍청이]

그리고 또......

真是岂有此理! Zhēnshi qǐyǒu cǐlǐ! 쩐~스~ 치여우 츨리!

/ 뭐 이런 경우가 다 있어!

你把我当什么? Nǐ bǎ wǒ dāng shénme? 니 빠 워 땅 션~머?

/ 너 나를 뭐로 여기는 거지?

你怎么这样对待我呀? Nǐ zěnme zhèyàng duìdài wǒ ya?

니 전머 쩌~양 뚜에이따이 워 야? / 너 왜 나를 이따위로 대하는 거니?

我被他骂了一顿, 都是你!

Wǒ bèi tā mà le yídùn, dōushì nǐ.

워 뻬이 타 말 러 이뚠, 또우 스~ 니! / 내가 그에게 한 바탕 욕먹은 건, 다 너 때문이야!

단어 [岂有此理 qǐyǒu cǐlǐ 치여우 츨리 / 어찌 이런 경우가 있나!],

[把 bǎ 빠 / …을], [当 dāng 땅 / …라고 여기다], [对待 duìdài 뚜에이따이 / 대하다, 취급하다],

[骂 mà 마 / 욕하다], [一顿 yídùn 이뚠 / 한 바탕], [都是… 또우스~ / … 때문이다]

여기서 [...을] 이라는 전치사 [把 bǎ 빠]와

[...라고 여기다]는 동사 [当 dāng 땅]을 사용한

[把A当B] 형식은 [A를 B로 여기다]는 뜻이니까 꼭 기억해야 한다.

민석   샘, 전치사 [把]는 언제 사용하는 거죠?

샘   응, 전치사 [把]는 [무엇을 어떻게 처리했다]는 의미로 사용되기 때문에

[把]가 나오는 문장을 처치문(处置文)이라고 해. 무슨 문?

지연   처치문!

샘   가령 [밥을 먹다]는 [吃饭]이지만

[밥을 먹어 치웠다]라고 할 때는 [把]를 목적어 [饭] 앞에 내세우고,

동사 [吃]에 [...해버리다]는 뜻의 보어 [掉 diào 따오]를 붙여

[把饭吃掉 bǎ fàn chī diào ~빠 f판 츠~ 따오]라고 하지.

준호   아하!

샘   또 목적어가 길 때도 [把]를 내세워 사용하기도 하는데,

어쨌든 [把]는 목적어 앞에서 그 목적어로 하여금 어떤 변화를 일으키거나,

어떤 상태에 처하게 하거나, 어떤 결과가 되도록 만들어줄 때 사용된다

고 보면 돼.

把东西放在这儿。Bǎ dōngxi fàng zài zhèr. 빠 똥시 f팡 짜이 쩌~알.

/ 물건을 여기에 내려놓으시오.

把你的身份证拿给我看看。Bǎ nǐ de shēnfènzhèng ná gěi wǒ kànkan.

빠 니 션f펀쩡~ 나 게이 워 칸칸. / 당신 신분증을 꺼내 내게 좀 보여 주시오.

단어 [身份证 shēnfènzhèng 션~f펀쩡 / 신분증], [拿 ná 나 / 꺼내다]

어때, 이제 이해가 돼?

준호   네, 무슨 말씀인지 알겠습니다.

샘   민석이는?

민석	저도요. 지난번에 지연이한테 설명을 들은 적 있어요.
지연	호호호! 샘, 진도 나가죠.
민석	어? 잠깐만요, [我被他骂了一顿]은 피동문 맞죠?
샘	그래. 몇 번씩이나 배웠잖아? [...에게 ...당하다]는 피동문은 [피동자+被, 때, 让, 给+주동자+...]의 형식인데, 이때 [被, 때, 让, 给]는 사역동사다 아니다? 준호가 한번 대답해봐!
준호	아니다! 전치사다!
샘	오케이!
준호	샘, 사역문과 피동문이 중국어 문법의 가장 고난도인가요?
샘	그렇다고도 볼 수 있지, 앞으로 나올 몇 가지 문법 말고는 거의 모두 출현한 셈이야.
민석	진짜 중국어는 문법이라고 해봐야 별 거 아니네요.
샘	맞아, 중국어는 문법보다 많은 단어들과 문장들을 외우는 것이 중요해.
민석	뭔가를 요청하거나 원할 때는 어떤 표현들이 있습니까?
샘	그런 비슷한 표현은 앞에서 배웠을 거야. 뭔가를 요구하거나 희망할 때는 [要 yào 야오]와 [想 xiǎng 씨앙], 그리고 [愿意 yuànyi 위엔이]와 같은 조동사들을 가지고 말하면 돼.

我要喝一杯咖啡。 Wǒ yào hē yì bēi kāfēi.

워 야오 흐어 이 뻬이 카f페이. / 나는 커피 한 잔을 마시려고 한다.

我想去中国旅行。 Wǒ xiǎng qù Zhōngguó lǚxíng.

워 씨앙 취 쭝~궈 뤼씽. / 나는 중국에 여행가고 싶어요.

我愿意出国留学。 Wǒ yuànyi chūguó liúxué.

워 위엔이 추~꿔 리우쉬에. / 나는 해외 유학을 가길 원해요.

[바라다, 희망하다]는 동사 [希望 xīwàng 시왕]도 빼놓을 수 없겠다.

我希望你成功。 Wǒ xīwàng nǐ chénggōng. 워 시왕 니 청~꽁.

/ 나는 네가 성공하길 바란다.

그리고 어떤 일이 잘 이루어지지 않았거나 실망했을 때는 이렇게 말해.

太可惜了。 Tài kěxī le. 타이 커실 러. / 너무 안타깝다.

真是令人失望了。 Zhēnshi lìng rén shīwàng le.

쩐~스~ 링 렌~ 스~왕 러. / 정말 사람을 실망시킨다.

又失败了，我好难过。 Yòu shībài le, wǒ hǎo nánguò.

여우 스~빠일 러, 워 하오 난꿔. / 또 실패했어. 무척 괴롭다.

단어 [可惜 kěxī 커시 / 서운하다, 안타깝다], [令 lìng (을)링 / …로 하여금 …하게 하다],

[失望 shīwàng 스~왕 / 실망하다], [失败 shībài 스~빠이 / 실패하다],

[难过 nánguò 난꿔 / 괴롭다]

민석 샘, [令 lìng (을)링]도 [让, 叫, 使]와 비슷한 사역동사인가요?

샘 맞아. 그러고 보니 사역동사에 [令]도 있었구나!

민석 [好难过 hǎo nánguò 하오 난꿔]의 [好]는 뭐죠?
      보어는 아닌 것 같고, 그렇다고 동사도 아닌 것 같은데요.

샘 이때 [好]는 [좋다]는 형용사가 아니고
    [很] 또는 [挺 tǐng 팅]과 같이 [매우, 몹시]라는 뜻의 부사야.

민석   맞다. 지난 번에 배운 건데

지연   샘, 중국인과 조금 친해진 상태에서
          상대방에 대한 관심을 보이고 싶을 때는 뭐라고 하는 게 좋을까요?

샘   그야 상황에 따라 다르겠지.
        관심과 위로, 격려에 관한 표현들을 정리해 볼게.

你怎么了? Nǐ zěnme le? 니 전멀 러? / 왜 그러세요?

有什么问题吗? Yǒu shénme wèntí ma? 여우 션~머 원티 마?
/ 무슨 문제 있어요?

你为什么不高兴? Nǐ wèishénme bù gāoxìng?
니 웨이션~머 뿌 까오씽? / 왜 기분이 언짢으세요?

谁欺负你了? Shéi qīfu nǐ le? 셰~이 치f푸 닐 러? / 누가 널 못 살게 굴어?

你冷静一点! Nǐ lěngjìng yìdiǎn! 닐 렁찡 이디엔! / 좀 진정하세요!

别伤心嘛! Bié shāngxīn ma! 삐에 쌍~신 마! / 상심하지 마세요!

你放心吧! Nǐ fàngxīn ba! 니 f팡씬 바! / 안심하세요!

别担心了! Bié dānxīn le! 삐에 딴씬 러! 걱정하지 마세요!

你不要难过。 Nǐ búyào nánguò. 니 부야오 난꿔. / 괴로워하지 마라.

我支持你。 Wǒ zhīchí nǐ. 워 즈~츠~ 니. / 내가 밀어줄게.

加油! Jiāyóu! 찌아여우! / 힘 내! 파이팅!

단어 [欺负 qīfu 치f푸 / 괴롭히다], [冷静 lěngjìng (을)렁찡 / 진정하다],

[伤心 shāngxīn 쌍~씬 / 상심하다], [放心 fàngxīn f팡씬 / 안심하다],

[担心 dānxīn 딴씬 / 걱정하다], [支持 zhīchí 즈~츠~ / 지지하다],

[加油 jiāyóu 찌아여우 / 힘내다, 파이팅! 주유하다]

준호야, 이때 [别 bié 삐에]는 [...하지 말라]는 [不要]와 같은 뜻인 거 알지?

준호 네! 그래서 [不要客气]를 [别客气]라고도 하잖아요.

샘 맞아.
상대방이 나를 염려하거나 위로하는 말을 할 때 대답은 뭐가 있을까?
지연이!

지연 음......

我没事儿。 Wǒ méi shìr. 워 메이 셜~. / 일 없어.

我没问题。 Wǒ méi wèntí. 메이 원티. / 문제없어.

我不要紧。 Wǒ bú yàojǐn. 워 뿌야오진. / 난 괜찮아.

단어 [要紧 yàojǐn 야오진 / 요긴하다, 중요하다]

샘 잘했다. 그런 식으로 말하면 무리 없을 거야.
여러분이 점점 중국어 실력이 향상되는 모습을 보니 정말 감격스럽다.

준호 老师，您别这么说，我的中文还差得远呢!

지연 Not me!

권유·거절·경이·반박

준호   샘, 상대방에게 뭔가를 권유하는 표현에는 어떤 것들이 있습니까?

샘   음, 그때는 주로 [请]을 쓰는데,
상황에 따라서 여러 가지 표현들이 나올 수 있어.

请进来! Qǐng jìnlái! 칭 찐라이! / 들어오세요!

请坐! Qǐng zuò! 칭 쭤! / 앉으세요!

请喝茶! Qǐng hēchá! 칭 흐어 챠! / 차 드세요!

[最好 zuìhǎo 쮀이]라는 말을 써서 [...하는 편이 가장 낫겠다]는 말도 할 수 있고,

你最好现在去做。 Nǐ zuìhǎo xiànzài qù zuò.

니 쮀이하오 시엔짜이 취 쭤. / 지금 가서 하는 게 좋을 거야.

你最好小心点儿。 Nǐ zuìhǎo xiǎoxīn diǎnr.

니 쮀이하오 씨아오씬 디알. / 조심하는 게 좋을 거야.

단어 [小心 xiǎoxīn 씨아오씬 / 조심하다 - 小气 xiǎoqì 씨아오치 / 소심하다]

또는 [应该 yīnggāi 잉까이]라는 조동사를 써서 [...해야 옳다]라는 말도 할 수 있어.

你应该说实话。 Nǐ yīnggāi shuō shíhuà. 니 잉까이 슈~어 스~화.

/ 사실을 말해야 됩니다.

你应该这么做。 Nǐ yīnggāi zhème zuò. 니 잉까이 쪄~머 쭤.

/ 그렇게 해야 마땅해요.

단어 [实话 shíhuà 스~화 / 사실]

지연	샘, 어기조사 [吧 ba 바]를 사용해도 되지 않나요?
샘	그래, 내가 깜박했다. [...합시다]는 뜻을 가진 권유의 어기조사 [吧]를 쓰면 되겠구나.

时间不早了，我们快点儿走吧!

Shíjiān bù zǎo le, wǒmen kuài diǎnr zǒu ba!
스~찌엔 뿌 자올 러, 워먼 콰이디얄 저우 바! / 시간이 늦었으니, 우리 빨리 가자.

我们去补习班学汉语吧! Wǒmen qù bǔxíbān xué Hànyǔ ba!

워먼 취 뿌시빤 쉬에 한위 바! / 우리 학원에 가서 중국어를 배우자!

위 문장에서 한 가지 중요한 사항을 밝히자면
중국어는 주로 동작의 순서에 따라 말한다는 사실이야.
이런 걸 중국어 문법에서는 동사가 연결된 문장이라 하여
연동문(连动文)이라고 부르지. 무슨 문?

지연	연동문!
샘	이 문장에서 학원에 가는 게 먼저야 아니면 중국어를 배우는 게 먼저야?
지연	학원에 가는 거요.
샘	그래, 논리적으로 당연히 학원에 가는 게 먼저지? 그러니까 [去]가 [学]보다 먼저 나온 거야.
준호	우리는 보통 [중국어를 배우러 학원에 갑시다]라고 말하는 경우가 많은데, 중국어 표현은 [학원에 가서 중국어를 배웁시다]라고 해야 더 적절하단 얘기죠?

샘 　물론! 연동문의 예를 하나 더 들어볼게.

我们去看电影，怎么样?

Wǒmen qù kàn diànyǐng zěnmeyàng?

워먼 취 칸 띠엔잉, 전머양? / 우리 가서 영화 보자. 어때?

여기서 가는 게 먼저야 아니면 영화 보는 게 먼저야? 가는 게 먼저지?
그래서 [去]를 [看] 앞에 쓴 거야.

민석 　아하!

샘 　다음의 표현들도 권유하는 내용이니까 몇 마디 해볼게.

你教我中文，好不好? Nǐ jiāo wǒ Zhōngwén, hǎo bu hǎo?

니 찌아오 워 쫑~원, 하오 뿌 하오? / 내게 중국어를 가르쳐 주세요, 네?

你问他吧! Nǐ wèn tā ba! 니 원 타 바! / 저 사람한테 물어봐!

你为什么不告诉他? Nǐ wèishénme bú gàosu tā?

니 웨이션~머 뿌 까오쑤 타? / 왜 그에게 말해주지 않니?

단어 [教 jiāo 찌아오 / 가르치다], [问 wèn 원 / 묻다], [告诉 gàosu 어까오쑤 / 말해주다]

민석 　샘, 이 세 문장은 모두 이상한 거 같아요.
[...에게, ...한테]라는 문장에서
왜 [跟 gēn 껀]이나 [给 gěi 게이]같은 전치사가 없지요?

샘 　대단하다! 놀라운 관찰력이구나.

지연 　호호호!

샘 　지연이는 왜 웃니?

지연   아무 것도 아니에요.

샘   뭔가 아는 거 같은데? 왜 그런지 설명해 봐.

지연   네. 방금 나왔던 문장들은 [...가 ...에게 ...을 ...하다]
         즉 [주어+동사+간접목적어+직접목적어] 형식인데요.
         [教, 问, 告诉]와 같은 동사는
         [...에게]라는 전치사 [跟, 给]의 의미를 포함하고 있기 때문에
         [跟]이나 [给]를 쓰지 않아요.
         그러니까 더 쉽게 말하면
         [教 jiāo 찌아오]는 [...에게 가르치다],
         [问 wèn 원]은 [...에게 묻다],
         [告诉 gàosu 까오쑤]는 [...에게 말해주다]는 뜻이므로,
         [给我教中文], [跟他问], [跟他告诉]라고 하면 틀린다고 알고 있어요.

준호, 민준   아하!

샘   더 이상 설명이 필요 없을 정도로 구체적으로 잘 말해주었다.

준호   샘, 상대방의 권유나 의견에 동의할 때 대답은 [好] 말고 어떤 것들이
         있죠?

샘   그래, 맨 날 [好], [好的]라고 하지만 말고 다른 표현들도 익혀보자.

那当然! Nà dāngrán! 나 땅란~! 그야 당연하죠!

可不是嘛! Kě bú shì ma! 커 부 스~ 마! / 그렇고말고요!

就是嘛! Jiùshì ma! 찌우스~ 마! / 그러게 말입니다!

说得也是! Shuō de yě shì! 슈~어 더 예 스~! / 맞는 말입니다!

好象不错! Hǎoxiàng búcuò! 하오씨앙 뿌춰! / 좋을 것 같은데!

단어 [当然 dāngrán 땅란~ / 당연하다], [好像 hǎoxiàng 하오씨앙 / 마치 …같다]

반대로 거절한다면 이런 식으로 말하면 될 거야.

好了, 好了! Hǎo le, hao le! 하올 러, 하올 러! / 됐어요!

够了! Gòu le! 꺼울 러! / 그만 하세요!

行了! Xíng le! 씽 러! / 됐거든요!

算了! Suàn le! 쏸 러! / 그만 둬요!

단어 [够 gòu 꺼우 / 충분하다]

그런데 이런 말은 무례하게 들릴 수 있으니까 다른 말들도 알아 두자.

不了, 谢谢! Bù le, xièxie! 뿔 러, 씨에시에! / 아닙니다. 고맙지만!

对不起, 恐怕不行。 Duìbuqǐ, kǒngpà bùxíng. 뛔이부치, 콩파 뿌씽.

/ 미안하지만, 안 될 것 같은데요.

단어 [恐怕 kǒngpà 콩파 / 아마(주로 안 좋은 예상) - 也许 yěxǔ 예쉬 / 아마]

준호　상대방한테 어떤 소식을 듣고 놀라움을 나타내는 말은 뭐가 있어요?

샘　그야 별로 어렵지 않지.

我的天啊! Wǒ de tiān a! 워 더 티엔 아! / 맙소사!

是真的吗? Shì zhēn de ma? 스~ 쩐~ 더 마? / 정말입니까?

不会吧? Bú huì ba? 뿌 호이 바! / 그럴 리가 없을 텐데?

不要开玩笑。 Búyào kāi wánxiào. 뿌야오 카이 완씨아오. / 농담하지 마세요.

不可能。 Bù kěnéng. 뿌 커넝. / 그럴 리 없어요.

你吓了我一跳。 Nǐ xià le wǒ yí tiào. 니 씨알 러 워 이 탸오.

/ 당신 날 놀라게 하는군요.

我不敢相信。 Wǒ bù gǎn xiāngxìn. 워 뿌 간 씨앙씬. / 감히 믿을 수 없네요.

단어 [会 huì 호이 / …을 할 줄 알다(가능), …할 것이다(추측)],

[开玩笑 kāi wánxiào 카이 완씨아오 / 농담하다],

[吓 xià 씨아 / 놀라다, 놀라게 하다], [跳 tiào 탸오 / 뛰다],

[敢 gǎn 깐 / 감히 …하다], [相信 xiāngxìn 씨앙씬 / 믿다]

준호 샘, 중국인의 불합리한 행동을 보고서도 중국어를 못해서
따지지 못하는 경우가 많은데, 이럴 때 뭐라고 하면 효과가 있을까요?

샘 그런 경우에는 이런 식으로 말하면 될 것 같다.

你说什么? Nǐ shuō shénme? 니 슈~어 션~머? / 뭐라고요?

你怎么这样说呢? Nǐ zěnme zhèyàng shuō ne?

니 전머 쪄~양 슈~어 너? / 어떻게 그렇게 말씀하세요?

那你呢? Nà nǐ ne? 나 니 너? / 그럼 당신은요?

不是我。 Bú shì wǒ. 뿌 스~ 워. / 내가 아닙니다.(내가 그런 게 아니에요)

我没有。 Wǒ méiyǒu. 워 메이여우. / 내가 그러지 않았어요.

到底我做过什么了? Dàodǐ wǒ zuò guo shénme le?

따오디 워 쭤 꿔 션~멀 러? / 대체 내가 뭘 어떻게 했단 말이죠?

为什么不可以? Wèishénme bù kěyǐ?

웨이션~머 뿌 커이? / 왜 안 된다는 거죠?

你不要这样, 好不好? Nǐ búyào zhèyàng, hǎo bu hǎo?

니 뿌야오 쪄~양 하오 뿌 하오? / 이러지 마세요. 네?

何必生那么大的气呢? Hébì shēng nàme dà de qì ne?

흐어삐 성~ 나머 따 더 치 너? / 뭘 그렇게 화를 내세요?

你不要误会! Nǐ búyào wùhuì! 니 뿌야오 우호이! / 오해하지 마세요!

단어 [到底 dàodǐ 따오띠 / 도대체], [生气 shēngqì 성~치 / 화내다, 화나다],

[误会 wùhuì 우호이 / 오해하다]

음... 또 뭐가 있을까?

민석	샘, [오해하다]는 [误解 wùjiě 우찌에]라고 해야 되는 거 아닙니까?
샘	아니야. [오해하다]는 중국어로 [误会 wùhuì 우호이]라고 해.
민석	샘, 완전히 열 받았을 때는 뭐라고 해야 하지요?
지연	호호호!
샘	글쎄, 그런 말은 안 하는 게 신상에 좋아.
민석	그래도 가르쳐 주세요. 그쪽에서 그런 말을 하면 알아들어야 되잖아요.
샘	좋아, 몇 마디 가르쳐 줄게. 하지만 사용하지는 마라.
민석	당연하죠.
샘	영화에서도 보면 많이 나오긴 하는데, 뭐가 있더라? 음......그래.

我不想跟你说了。 Wǒ bù xiǎng gēn nǐ shuō le.

워 뿌 씨앙 껀 니 슈~얼 러. / 당신과 얘기하고 싶지 않아요.

你骂我? Nǐ mà wǒ? 니 마 워? / 너 나한테 욕했어?

你神经病! Nǐ shénjingbìng! 니 선~찡삥! / 너 미쳤구나!

단어 [神经病 shénjingbìng 선찡삥 / 싸이코, 미친 사람]

중국의 어떤 운전기사는 운전 도중에 누가 갑자기 차 앞을 지나가자 놀
라며 이렇게 말하더라.

他妈的, 你找死? Tāmā de, nǐ zhǎo sǐ? 타마 더, 니 쟈~오 쓰?

/ 제기랄, 너 죽을래?

단어 [他妈的 tāmā de 타마 더 / 젠장, 제기랄], [找 zhǎo 쟈~오 / 찾다]
　　　[死 sǐ 쓰 / 죽다]

준호   중국영화를 보면 정말 욕이 무지 많이 나오던데요.

샘   맞아, 요즘 한국영화도 장난이 아니더라.
        욕은 많이 배울수록 입에서 쉽게 나오는 법이니까 이 정도만 하자.

준호   네~

샘   好, 下课!

준호, 민준, 지연   谢谢老师!

질병·고장·사고·사기

준호   샘, 중국에 가서 병이 났을 때는 어떻게 합니까?

샘   그래, 중국에 가서 그런 일이 생기면 곤란하지.
따라서 비상시에 쓰는 말들을 알아 둬야 해. 먼저 몸이 아프다는 말을
해보자.

我身体不舒服。 Wǒ shēntǐ bù shūfu. 워 선~티 뿌 슈~f푸. / 몸이 아파요.

단어 [舒服 shūfu 슈~f푸 / 편안하다]

약국이나 병원을 간다면 거기서 이렇게 물을 거야.

你哪儿不舒服? Nǐ nǎr bù shūfu? 니 나알 뿌 슈~f푸? / 어디가 불편하세요?

뭐 약국에 간다면 큰 병은 아니고 배 또는 머리가 아프다거나
감기 몸살에 걸린 정도겠지.

我肚子疼。 Wǒ dùzi téng. 워 뚜즈 텅. / 배가 아파요.

头疼得很厉害。 Tóu téng de hěn lìhai. 터우 텅 더 헌 리하이.

/ 머리가 심하게 아파요.

我感冒了。 Wǒ gǎnmào le. 워 깐마올 러. / 나 감기에 걸렸어요.

发烧, 浑身发冷。 Fāshāo, húnshēn fālěng. f파싸~오, 훈선~ f팔렁.

/ 열이 나고, 온몸이 한기가 들어요.

咳嗽，流鼻涕。 késou, liú bíti. 커써우, 리우 삐티.

/ 기침이 나고, 콧물이 나와요.

단어 [肚子 dùzi 뚜즈 / 배], [疼 téng 텅 / 아프다], [厉害 lìhai (을)리하이 / 심하다],
[发烧 fāshāo f파싸~오 / 열이 나다], [浑身 hūnshēn 훈션~ / 온몸],
[发冷 fālěng f팔렁 / 오한이 들다], [咳嗽 késou 커써우 / 기침하다],
[流鼻涕 liú bíti (을)리우 삐티 / 콧물이 나오다]

민석 병원에 가서는 뭐라고 하죠?

샘 증상이 심해서 꼭 병원에 가야 한다면 이런 말들도 알아야겠다.

我要挂号。 Wǒ yào guàhào. 워 야오 꽈하오. / 접수하려고 하는데요.

你要挂哪一科? Nǐ yào guà nǎ yi kē? 니 야오 꽈 나 이 커?

/ 어느 과에 접수하려고 합니까?

我要挂内科。 Wǒ yào guà nèikē. 워 야오 꽈 네이커.

/ 내과에 접수하려고 합니다.

请到五号疹室。 Qǐng dào wǔ hào zhěnshì. 칭 따오 우하오 쩐~스~.

/ 5번 진찰실로 가세요.

단어 [挂号 guàhào 꽈하오 / 접수하다], [内科 nèikē 네이커 / 내과],
[诊室 zhěnshì 쩐~스~ / 진찰실 - 急诊室 jízhěnshì 찌쩐~스~ / 응급실]

의사가 하는 말도 알아들어야 하는데 대개 이런 말을 할 거야.

让我看看。 Ràng wǒ kànkan. 랑~ 워 칸칸. / 어디 좀 봅시다.

请把上衣脱下。 Qǐng bǎ shàngyī tuōxià. 칭 바 쌍~이 퉈씨아.

/ 상의를 벗으세요.

请张开嘴。 Qǐng zhāngkāi zuǐ. 칭 쨩~카이 쮀이. / 입을 벌리세요.

请在这儿躺下。 Qǐng zài zhèr tǎngxià. 칭 짜이 쪄~알 탕씨아.

/ 여기 누우세요.

先量一下体温和血压。 Xiān liáng yíxià tǐwēn hé xiěyā.

씨엔 리앙 이씨아 티원 흐어 씨에야. / 먼저 체온과 혈압을 좀 재겠습니다.

吃点儿药，打针就没事了。

Chī diǎnr yào, dǎzhēn jiù méi shì le.

츠~디알 야오, 따쩐~ 찌우 메이 슬~ 러. / 약 먹고 주사 맞으면 나을 겁니다.

这是药方，请到药房去取药。

Zhè shì yàofāng, qǐng dào yàofáng qù qǔ yào

쪄~ 스~ 야오f팡, 칭 따오 야오f팡 취 취 야오. / 이것은 처방전이니, 약국에 가서 약을 타세요.

단어 [脱下 tuōxià 퉈씨아 / 벗다], [张开 zhāngkāi 쨩카이 / 벌리다],

[躺下 tǎngxià 탕씨아 / 눕다], [量 liáng (을)리앙 / 재다],

[体温 tǐwēn 티원 / 체온], [血压 xiěyā 씨에야 / 혈압],

[药 yào 야오 / 약], [打针 dǎzhēn 따쩐~ / 주사 놓다(맞다), 따쩐 주사를 놓다(맞다)],

[药方 yàofāng 야오f팡 / 처방전], [药房 yàofáng 야오f팡 / 약국]

솔직히 중국에서 큰 병 검사를 할 사람은 없을 테니까 더 구체적인 내
용은 생략한다.

민석   샘, 어디가 아프냐고 물을 때 신체 부위 명칭을 중국어로 모르면 어떡하
죠?

샘   그럼 아픈 부위를 보여주면 되겠지.

지연   호호호! 샘~

샘   왜? 내 말이 틀렸나?

지연   신체 부위 명칭이래야 그동안 배운 게 많아서
       특별히 더 외울 것들은 별로 없어요.

준호, 민준   헉~

지연   제가 머리부터 발까지 천천히 생각하며 말해 볼게요.

头 tóu 터우 / 머리

眼睛 yǎnjing 이엔찡 / 눈

鼻子 bízi 삐즈 / 코

嘴 zuǐ 쮀이 / 입

牙 yá 이아 / 치아

舌头 shétou 서~터우 / 혀

嗓子 sǎngzi 쌍즈 / 목

胸 xiōng 씨옹 / 가슴

肺 fèi f페이 / 폐

胃 wèi 웨이 / 위

肝 gān 깐 / 간

手 shǒu 서~우 / 손

脚 jiǎo 찌아오 / 다리, 발

血 xiě 씨에 / 피

       그리고 또......

샘   그 정도만 해도 만점이다.

지연   이런 말이야 중국 유치원생들도 다 알걸요. 호호호!

준호, 민준   헐!

지연   그리고 의사는 [医生 yīshēng 이썽~], 간호사는 [护士 hùshi 후스~]라고 해요.

준호   샘, 이제 화제를 바꿔 봐요. 자꾸 아픈 얘기를 하니까 짜증이......

민석   물건을 샀는데 고장이 났으면 뭐라고 하나요?

샘   중국에 가서 물건을 살 때는 조심해야 해.
       안 그러면 괜히 바가지만 쓰니까? 음, 이런 말이 있으니까 알아두자.

东西坏了。 Dōngxi huài le. 똥시 화일 러. / 물건이 고장났어요.

这个东西有毛病。 Zhège dōngxi yǒu máobìng.
쩌~거 똥시 여우 마오삥. / 이 물건은 문제가 있어요.

你看看，这里有残痕。 Nǐ kànkan, zhèlǐ yǒu cánhén.
니 칸칸, 쩌~리 여우 찬헌. / 보세요. 여기 상처가 있어요.

可以换吗? Kěyǐ huàn ma? 커이 환 마? / 교환이 되나요?

能不能退款? Néng bu néng tuìkuǎn? 넝 뿌 넝 퇴이콴? / 환불이 가능합니까?

把东西和收据拿给我。 Bǎ dōngxi hé shōujù ná gěi wǒ.
빠 똥시 흐어 서~우쮜 나 게이 워. / 물건과 영수증을 제게 주세요.

단어 [坏 huài 화이 / 나쁘다, 고장나다], [毛病 máobìng 마오삥 / 실수, 나쁜 버릇, 고장],
[残痕 cánhén 찬헌 / 상처 자국], [换 huàn 환 / 바꾸다],
[退款 tuìkuǎn 퉤이콴 / 환불하다], [收据 shōujù 서~우쮜 / 영수증]

참고로 물건 살 때는 절대 미리 돈을 지불해서는 안 되는 거 알지?

준호   당연하죠. 샘, 만일 사고가 났을 때는 무슨 말을 해야 하죠?

샘   그런 일이 생기면 안 되겠지만 사람 일은 모르는 거니까
       이런 표현도 익혀야겠다.

不好了! Bù hǎo le! 뿌 하올 러! / 큰일 났어요!

糟了，我出了事了! Zāo le, wǒ chū le shì le.

짜올 러, 워 출~ 러 슬~ 러! / 야단났네, 제게 사고가 났어요!

단어 [糟 zāo 짜오 / 큰일 나다, 망치다]

그럼 아마 이렇게 물을 거야.

什么事? Shénme shì? 선~머 스~? / 무슨 일이죠?

发生什么事? Fāshēng shénme shì? f파셩~ 선~머 스~? / 무슨 일이 생긴 거죠?

단어 [发生 fāshēng f파셩~ / 발생하다]

민석 　[我出了事了]와 [发生什么事?] 이 두 문장은 주어와 동사 순서가 바뀌었어요.

샘 　응, 그거? 이런 문장을 가리켜 존현문(存現文)이라 하는데,
사람이나 사물의 존재, 출현, 소멸 등을 표시하지. 무슨 문이라고?

지연 　존현문!.

샘 　그래. 그런데 보다시피
존현문에는 주어가 없고 대신 장소나 시간을 나타내는 말이나 구(句)를
사용해.

민석 　샘, 잘 이해가 안 가는데 예를 들어 주세요.

샘 　알았어.
[장소·시간+출현·소멸의 동사+了, 방향보어+사물·사람]의 형식으로,

家里来了三个人。 Jiāli lái le sān ge rén. 찌알리 라일 러 싼 거 렌~.

/ 집에 세 사람이 왔다.

昨天死了很多鱼。 Zuótiān sǐ le hěn duō yú. 쭤티엔 쓸 러 헌 뚸 위.

/ 어제 많은 물고기가 죽었다.

[장소·시간+동사+着+사람·사물]의 형식으로,

桌子上放着花瓶。 Zhuōzi shàng fàng zhe huāpíng. 쭤~즈 쌍~ f팡 저~ 화핑.

/ 탁자 위에 꽃병이 놓여 있다.

단어 [死 sǐ 쓰 / 죽다], [鱼 yú 위 / 물고기], [花瓶 huāpíng 화핑 / 꽃병]

어때, 다들 이해가 되나?

준호, 민석, 지연 네!

샘   그 다음에는 무슨 일이 생겼는지 말해야겠지?
외국에 나가서 길을 잃었다든가, 여권이나 지갑을 분실했다든가,
아니면 교통사고가 난다든가 한다면 큰일이지만,
만일을 대비해서 몇 마디 공부해보자.

我迷路了。   Wǒ mílù le. 워 미 룰 러 / 길을 잃었어요.

中山路怎么走? Zhōngshānlù zěnme zǒu? 쫑~싼~루 전머 저우?

/ 중산로는 어떻게 갑니까?

一直往前走, 到了十字路口, 往右拐就行了。

Yìzhí wǎng qián zǒu, dào le shízìlùkǒu, wǎng yòu guǎi jiù xíng le.
이즈~ 왕 치엔 저우, 따올 러 스~쯜루커우, 왕 여우 꽈이 찌우 씽 러.
/ 쭉 앞으로 가다가, 사거리 입구에 도착해서, 오른쪽으로 틀면 됩니다.

단어 [迷路 mílù 밀루 / 길을 잃다], [一直 yìzhí 이즈~ / 쭉, 똑바로], [往 wǎng 왕 / …쪽으로],

     [十字路口 shízìlùkǒu 스쯜루커우 / 사거리 입구], [拐 guǎi 꽈이 / 꺾어지다]

我丢钱包了，怎么办? Wǒ diū qiánbāo le, zěnmebàn?

워 띠우 치엔빠올 러, 전머빤? / 돈지갑을 잃었으니, 어떡하죠?

我的护照不见了，在哪儿报警?

Wǒ de hùzhào bú jiàn le, zài nǎr bàojǐng?

워 더 후짜~오 뿌 찌엔 러, 짜이 나알 빠오찡? / 여권을 잃었는데, 어디다 신고합니까?

我朋友出了车祸了。 Wǒ péngyou chū le chēhuò le.

워 펑여우 출~ 러 처~훨 러. / 제 친구가 교통사고가 났어요.

> **단어** [丢 diū 띠우 / 잃다, 분실하다], [钱包 qiánbāo 치엔빠오 / 돈지갑],
> [护照 hùzhào 후짜오 / 여권], [报警 bàojǐng 빠오찡 / 경찰에 신고하다],
> [车祸 chēhuò 처~훠 / 교통사고]

준호   샘, 만일 사기를 당했을 경우에는 뭐라고 하죠?

샘   그때는 싸우지 말고 조용히 따지는 편이 좋아.
공연히 타국에 가서 이상한 사람들을 잘못 건들었다간 큰 코 다쳐.

我知道你的意思，不过你刚才不是这么说的。

Wǒ zhīdao nǐ de yìsi, búguò nǐ gāngcái búshì zhème shuō de。

워 쯔~따오 니 더 이쓰, 부꿔 니 깡차이 부 스~ 쪄~머 슈~어 더.

/ 무슨 뜻인지는 알겠어요. 하지만 당신이 조금 전에는 그렇게 말하지 않았어요.

> **단어** [刚才 gāngcái 깡차이 / 방금, 아까]

상대방이 노골적으로 속이거나 기만할 때는,

不要骗我，你以为我不知道?

Búyào piàn wǒ, nǐ yǐwéi wǒ bùzhīdào?

뿌야오 피엔 워, 니 이웨이 워 뿌쯔~따오? / 날 속이려고 마세요. 내가 모를 줄 압니까?

> **단어** [骗 piàn 피엔 / 속이다], [以为 yǐwéi 이웨이 / …라고 여기다]

라고 하는데, 가령 돈 문제로 인해 언성이 높아지면 이런 식으로 타협이 가능하지.

好了, 不要生气, 我给你八十块,
这样行了吧!

Hǎo le, bú yào shēngqì, wǒ gěi nǐ bāshí kuài, zhèyàng xíng le ba?

하올 러, 뿌야오 썽~치, 워 게이 니 빠스~ 콰이, 쩌~양 씽 러 바!

/ 좋아요. 화내지 마세요. 내가 80원을 줄게요. 그럼 됐죠?

하여간 중국인들과의 거래는 쉽지 않은 일이야.
그래서 "중국인들 마음은 서랍과 같고, 한국인들 마음은 보따리 같다"라고 말하지.
뭔 이야기인가 하니,
중국인은 많은 서랍 중에
오늘은 이걸 빼어서 보여주고 내일은 저걸 빼어서 보여주는 식으로
천천히 자신을 공개하지만,
한국인은 마치 보따리를 풀어서 보여주듯이
한꺼번에 자기 속내를 다 드러내다는 뜻이야.
그러니 그들과 상술에서 게임이 되겠냐고.
이 점을 꼭 명심하도록, 알겠지?

준호, 민석, 지연 네!

샘 이제 초급중국어를 거의 다 배웠구나. 종강이 얼마 안 남았어.

민석 그러게요. 이미 초급 수준은 완전히 넘어선 느낌입니다.

지연 호호호!

민석 왜 웃어?

지연 응, 그냥! 알면서?

샘 그래, 그동안 수고들 많았다. 끝까지 잘해 보자!

전화·팩스·컴퓨터·TV·영화

민석   샘, 중국어로 전화는 어떻게 걸어요?

샘   [여보세요!] 즉 [喂 wèi 웨이]라고 하는 것 말고
       특별히 전화상의 대화 용법이 따로 있는 건 아니니까
       그냥 만나서 얘기하는 것처럼 하면 돼.
       일단 전화상에서 자주 사용되는 말들을 적어 볼 테니 무조건 외우도록.

민석   네에……

샘   이쪽에서 전화 걸어 사람을 찾을 때는 이렇게 하면 돼.

喂, 王先生在吗? Wèi, Wáng xiānsheng zài ma?

웨이, 왕 씨엔셩~ 짜이 마? / 여보세요, 왕 선생님 계세요?

喂, 请问李小姐在不在? Wèi, qǐngwèn, Lǐ xiǎojie zài bu zài?

웨이, 칭원, (을)리 씨아오지에 짜이 부 짜이? / 여보세요, 저, 미스 리 있나요?

喂, 请金老师接电话。 Wèi, qǐng Jīn lǎoshī jiē diànhuà.

웨이, 칭 찐 라오스~ 찌에 띠엔화. / 여보세요. 김 선생님 좀 바꿔주세요.

단어 [接 jiē 찌에 / 받다], [电话 diànhuà 띠엔화 / 전화]

준호   샘, [여보세요]라는 [喂 wèi 웨이]를 왜 [喂 wéi] 2성으로 발음하세요?

샘   아, 본래 성조는 4성이지만 전화상에서는 보통 2성으로 발음해.

준호   아하!

민석   대답하는 법도 알고 싶어요.

샘   여기에 대한 대답은 상황에 따라 다르겠지.

在, 您等一下。 Zài, nín děng yíxià. 짜이, 닌 덩 이씨아.

/ 계세요, 기다리세요.

请稍等, 别挂。 Qǐng shāo děng, bié guà. 칭 싸~오 덩, 삐에 꽈.

/ 잠시만 기다리세요. 끊지 마시고.

> **단어** [稍 shāo 샤~오 / 잠시, 약간], [挂 guà 꽈 / 걸다]

민석   샘, [别挂]에서 [别]는 [不要] 즉 [...하지 마세요]라는 뜻이죠?

샘   그래.

민석   그렇다면 [挂 guà 꽈]가 [걸다]는 뜻의 동사니까,
       [别挂]는 [전화 걸지 마세요]라는 얘기 아닌가요?

지연   호호호!

샘   그럴까? 지연이가 좀 설명해볼래?

지연   네, 중국어로 [전화를 걸다]는
       [전화를 때린다]는 뜻으로 [打电话 dǎ diànhuà 따 띠엔화]라고 하거나
       [전화를 돌린다]는 뜻으로 [拨电话 bō diànhuà 뽀어 띠엔화]라고 하는데,
       [전화를 끊다]는 [전화를 걸다]는 뜻으로
       [挂电话 guà diànhuà 꽈 띠엔화]라고 해요.
       여기서 [挂电话]는 우리말 사용과 반대라고 볼 수 있죠?
       그런데 사실상 통화를 마치고 전화를 끊을 때는 수화기를 본체에 거는
       거 맞잖아요.
       중국어의 [挂电话]는 그런 행동의 의미에서 만들어진 말인 듯싶어요.

샘   지연이의 설명이 그럴 듯하구나.

지연   호호호! 그냥 제 생각을 말한 거예요.

샘   상대방이 찾는 사람이 없을 때는 뭐라고 할까? 아는 사람?

준호   제가 한번 말해 볼게요.

他不在。 Tā bú zài. 타 부 짜이. / 그분 안 계십니다.

对不起, 他刚刚出去了。 Duìbuqǐ, tā gānggāng chūqù le.

뚜이부치, 타 깡깡 추~췰 러. / 죄송하지만, 그분 방금 나가셨는데요.

단어 [刚刚 gānggāng 깡깡 / 방금, 막], [出去 chūqù 추~취 / 나가다]

라고 하면 되지 않나요?

샘   잘했다. 까치. 만일 찾는 사람이 전화 받는 본인일 때는?

준호   글쎄요.

지연   그럴 때는 이렇게 말하면 어떨까요?

我就是, 您是哪位? Wǒ jiùshì, nín shì nǎ wèi?

워 찌우스~, 닌 스~ 나 웨이? / 전데요. 누구시죠?

我就是, 您哪里找? Wǒ jiùshì, nín nǎli zhǎo?

워 찌우스~, 닌 날리 쟈~오? / 전데요. 어디시죠?

샘   맞아, 그럼 되겠다. 그리고 메시지를 남기는 문제에 관해서는,

您要留话吗? Nín yào liúhuà ma? 닌 야오 (을)리우화 마?

/ 메모를 남기시겠어요?

我可以留言吗? Wǒ kěyǐ liúyán ma? 워 커이 (을)리우이엔 마?

/ 메모를 남길 수 있을까요?

단어 [留话 liúhuà (을)리우화, 留言 liúyán (을)리우이엔 / 메모, 메시지]

라고 하면 되는데, 메모를 남길 필요가 없으면 그냥 이렇게 말해.

不用了, 谢谢。 Bú yòng le, xièxie. 뿌 용 러, 씨에시에. / 고맙지만 됐습니다.

我待会儿再打。 Wǒ dāihuìr zài dǎ. 워 따이호알 짜이 따.

/ 이따 다시 전화 하겠습니다.

단어 [待会儿 dāihuìr 따이호알 / 잠시 후]

메모를 남길 때는 먼저 자기 이름을 밝히고 나서 내용을 말하면 돼.

我叫金成浩, 麻烦您, 请转告他我打过电话。

Wǒ jiào Jīn Chénghào, máfan nín, qǐng zhuǎngào tā wǒ dǎ guo diànhuà。

워 찌아오 찐 청~하오, 마f판 니, 칭 쫜~까오 타 워 따 꿔 띠엔화.

/ 저는 김성호라고 하는데, 수고스럽지만 그분께 제가 전화했었다고 전해 주세요.

단어 [麻烦 máfan 마f판 / 번거롭다], [传告 zhuǎngào 쫜~까오 / 말을 전하다]

민석 샘, 전화에서는 왜 자꾸 [你]가 아닌 [您]을 많이 쓰죠?

샘 상대방이 누구인지 모르는 상태라면 존칭이 합당하지 않겠어?

민석 그렇군요.

샘 전화에 대한 다른 표현들 몇 가지 더 추가로 알아보자.

电话来了。 Diànhuà lái le. 띠엔화 라일 러. / 전화가 왔어요.

我打电话给你。 Wǒ dǎ diànhuà gěi nǐ. 워 따 띠엔화 게이 니.

/ 내가 전화할게요.

有人打电话来找你。 Yǒurén dǎ diànhuà lái zhǎo nǐ.

여우렌~ 따 띠엔활 라이 쟈~오 니. / 누가 전화해서 당신을 찾습니다.

你的电话! Nǐ de diànhuà! 니 더 띠엔화! / 네 전화다!(전화 왔어!)

没人接。 Méi rén jiē. 메이 렌~ 찌에. / 아무도 안 받네요.

占线。 Zhàn xiàn. 짠~ 씨엔. / 통화중입니다.

电话打不通。 Diànhuà dǎ bu tōng. 띠엔화 따 부 통. / 전화가 불통입니다.

大声一点, 我听不见! Dàshēng yìdiǎn, wǒ tīng bu jiàn!

따썽 이디엔, 워 팅 부 찌엔! / 좀 크게 말씀하세요. 잘 안 들려요!

단어 [占线 zhànxiàn 짠시엔 / 통화중], [打不通 dǎ bu tōng 따 부 통 / 통하지 않다],

[听不见 tīng bu jiàn / 팅 부 찌엔 / 알아듣지 못하다]

준호 샘, [그가 너 바꿔 달래]를 뭐라고 하나요?

샘 그때는 [바꿔주다]는 말에 신경 쓰지 말고
그냥 [찾다]는 [找 zhǎo 쟈~오]를 써서,

他找你。 Tā zhǎo nǐ. 타 쟈~오 니.

라고 하면 되지 뭐.

민석 핸드폰에 관한 말들은 없나요?

샘 핸드폰은 손에 들고 다니는 기계니까 [手机 shǒujī 셔~우찌]라고 해.
요즘은 핸드폰 세대니까 거기에 필요한 말들도 많겠지만 몇 가지만
하자.

这部手机有什么功能?

Zhè bù shǒujī yǒu shénme gōngnéng?

쪄~ 뿌 셔~우찌 여우 선~머 꽁넝? / 이 핸드폰은 어떤 기능이 있나요?

短信怎么输入? Duǎnxìn zěme shūrù? 똰씬 전머 슈~루~?

/ 메시지는 어떻게 입력합니까?

我给他发短信了。 Wǒ gěi tā fā duǎnxìn le. 워 게이 타 f파 똰씬 러.

/ 나는 그에게 메시지를 보냈다.

铃声怎么下载? Língshēng zěnme xiàzǎi? (을)링썽~ 전머 씨아자이?

/ 벨소리는 어떻게 다운 받니?

能不能拍照? Néng bu néng pāizhào? 넝 뿌 넝 파이쨔~오?

/ 사진을 찍을 수 있니?

电池没电了。 Diànchí méi diàn le. 띠엔츠~ 메이 띠엔 러. / 전지가 다 됐다.

단어 [部 bù 뿌 / 대(양사)], [功能 gōngnéng 꽁넝 / 기능],

[短信 duǎnxìn 똰씬 / 메시지], [输入 shūrù 슈~루~ / 저장하다],

[发 fā f파 / 보내다], [铃声 língshēng (을)링썽~ / 벨소리],

[下载 xiàzǎi 씨아자이 / 다운받다], [拍照 pāizhào 파이쨔~오 / 사진 찍다]

[电池 diànchí 띠엔츠~ / 전지, 배터리], [电 diàn 띠엔 / 전기]

준호 팩스에 대한 것은 어떤 식으로 말하죠?

샘 팩스를 보내서나 받을 때는 이렇게 말하면 돼.

我给你发传真。 Wǒ gěi nǐ fā chuánzhēn. 워 게이 니 f파 촨~쩐~.

/ 내가 팩스를 보낼게요.

我还没收传真。 Wǒ hái méi shōu chuánzhēn.

워 하이 메이 셔~우 촨~쩐~. / 아직 팩스를 받지 못했어요.

단어 [传真 chuánzhēn 촨~쩐~ / 팩스], [收 shōu 셔~우 / 받다]

요즘 컴퓨터나 인터넷에 관해 얘기할 때도 많을 텐데,
자주 사용하는 말들을 쭉 정리해 보자.

你会用电脑吗? Nǐ huì yòng diànnǎo ma? 니 호이 용 띠엔나오 마?

/ 너 컴퓨터 시용할 줄 아니?

我不会用电脑。 Wǒ búhuì yòng diànnǎo. 워 뿌 호이 용 띠엔나오.

/ 나는 컴퓨터를 사용할 줄 모릅니다.

他每天打电脑，什么都不管。

Tā měitiān dǎ diànnǎo, shénme dōu bù guǎn。

타 메이티엔 따 띠엔나오, 션~머 또우 뿌 꽌. / 그는 매일 컴퓨터를 치느라고 다른 것은 관심 없어요.

我迷上电脑了。 Wǒ mí shàng diànnǎo le. 워 미쌍~ 띠엔나오.

/ 나는 컴퓨터에 중독되었어요.

我每天玩儿电脑游戏。 Wǒ měitiān wánr diànnǎo yóuxì.

워 메이티엔 왈 띠엔나오 여우씨. / 나는 매일 컴퓨터 게임을 해요.

단어 [用 yòng 용 / 사용하다], [电脑 diànnǎo 띠엔나오 / 컴퓨터],

[管 guǎn 꽌 / 상관하다], [迷上 míshàng 미쌍~ / …에 빠지다],

[电脑游戏 diànnǎo yóuxì 띠엔나오 여우씨 / 컴퓨터게임]

我是个网虫，随时上网跟网友聊天。

Wǒ shì ge wǎngchóng, suíshí shàngwǎng gēn wǎngyǒu liáotiān。

워 스~ 꺼 왕총~, 쉐이스~ 쌍~ 왕 껀 왕여울 랴오티엔. / 나는 인터넷광이라, 수시로 네티즌과 대화합니다.

我用伊妹儿通知我。 Yòng yīmèir tōngzhī wǒ. 용 이멜 퉁쯔~ 워.

/ 이메일로 알려주세요.

请看网页，网址是www…

Qǐng kàn wǎngyè, wǎngzhǐ shì www…

칭 칸 왕예, 왕즈~ 스~ www… / 홈페이지를 보세요. 홈페이지 주소는 www…

别忘了给我发伊妹儿。 Bié wàng le gěi wǒ fā yīmèir.

삐에 왕 러 게이 워 f파 이멜. / 네게 이메일 보내는 거 잊지 마세요.

我忘了用户代码和密码。 Wǒ wàng le yònghù dàimǎ hé mìmǎ.

워 왕 러 용후 따이마 흐어 미마. / 나는 패스워드와 비밀번호를 잊었어요.

请储存这个内容。 Qǐng chǔcún zhège nèiróng.

칭 추~춘~ 쪄~거 네이롱~. / 이 내용을 저장하세요.

我的电脑死机了。 Wǒ de diànnǎo sǐjī le. 워 더 띠엔나오 쓰찔 러.

/ 내 컴퓨터는 다운되었어요.

단어 [网虫 wǎngchóng 왕총~ / 인터넷광 - 网络 wǎngluò 왕뤄 / 인터넷],

[随时 suíshí 쒜이스~ / 수시로, 아무 때나], [上网 shàngwǎng 쌍~왕 / 인터넷에 접속하다],

[伊妹儿 yīmèir 이멜 / 이메일], [通知 tōngzhī 퉁쯔~ / 통지하다, 알리다],

[网页 wǎngyè 왕이에 / 홈페이지], [网址 wǎngzhǐ 왕즈~ / 홈페이지주소],

[用户代码 yònghù dàimǎ 용후 따이마 / 패스워드], [密码 mìmǎ 미마 / 비밀번호],

[储存 chǔcún 추~춘~ / 저장하다], [内容 nèiróng 네이롱~ / 내용],

[死机 sǐjī 쓰찌 / 다운되다], [视频 shìpín 스~핀 / 동영상]

뭐 이 정도면 기본 회화를 위한 준비로 충분하지 않을까?

준호   너무 어려워요.

샘　　그래도 해야지 어떻게 하겠어?
　　　중국어도 시대가 발전하면서 새로운 말들이 자꾸 등장하니 원!

민석　샘, TV나 영화에 대한 말들도 좀 가르쳐 주세요.

샘　　알았어. 먼저 TV에 대해 말해 볼까.

你在做什么呢? Nǐ zài zuò shénme ne? 니 짜이 쭤 션~머 너?

/ 너 지금 뭐 하고 있니?

我在看电视呢。 Wǒ zài kàn diànshì ne. 워 짜이 칸 띠엔스~ 너.

/ TV를 보고 있어.

第九频道在演什么呢? Dì jiǔ píndào zài yǎn shénme ne?

띠 지우 핀따오 짜이 이엔 션~머 너? / 9번 채널에서 뭐 하고 있니?

단어 [频道 píndào 핀따오 / 채널], [演 yǎn 이엔 / 공연하다, 연기하다]

민석　여기에 나오는 [在]는 부사로서
　　　[在+동사]의 형식으로 [...하고 있는 중이다]라는 진행의 뜻을 표시하는
　　　거 맞죠?

샘　　당연하지.
　　　그리고 이때 문장 끝의 어기조사는 [呢]를 쓴다는 것도 잊지 말고.

민석　물론이죠! 이제 그 정도는 알아요.

샘　　다행이구나. 그럼 계속해볼까?

今晚电视节目没什么好看的。
Jīnwǎn diànshì jiémù méi shénme hǎokàn de
찐완 띠엔스~ 찌에무 메이 션~머 하오칸 더. / 오늘 저녁 TV프로는 뭐 볼만한 게 없어요.

我在电视上看到的。 Wǒ zài diànshì shàng kàndào de.

워 짜이 띠엔스~ 쌍~ 칸따오 더. / 내가 TV에서 본 거예요.

我每天看新闻。 Wǒ měitiān kàn xīnwén. 워 메이티엔 칸 씬원.

/ 나는 매일 뉴스를 봅니다.

电视连续剧都很无聊。 Diànshì liánxùjù dōu hěn wúliáo.

띠엔스~ (을)리엔쉬쮜 또우 헌 울랴오. / TV연속극은 다 시시해요.

不要错过那个节目。 Búyào cuòguò nàge jiémù.

뿌야오 춰꿔 나거 찌에무. / 그 프로를 놓치지 마세요.

단어 [节目 jiémù 찌에무 / 프로그램], [新闻 xīnwén 씬원 / 뉴스],

[连续剧 liánxùjù (을)리엔쉬쮜 / 연속극], [无聊 wúliáo 울랴오 / 시시하다, 따분하다],

[错过 cuòguò 춰꿔 / 놓치다]

민석   샘, 텔레비전에서 신문을 보나요?

샘   무슨 소리야?

민석   [我每天看新闻]이라고 해서요.

지연   호호호! 중국어로 [신문]은 [报 bào 빠오]라고 해.
      여기 나오는 [新闻 xīnwén 씬원]은 [뉴스]를 가리키고.

민석   헉!

샘   이제 알겠니? 마지막으로 영화에 대해 말해보자.

我们去看电影，好不好？
Wǒmen qù kàn diànyǐng, hǎo bu hǎo?
워먼 취 칸 띠엔잉, 하오 뿌 하오? / 우리 영화 보러 가자, 어때?

那个电影院在演什么? Nàge diànyǐngyuàn zài yǎn shénme?

나꺼 띠엔잉위엔 짜이 이엔 션~머? / 저 극장에서는 뭘 상영하고 있니?

下一场是什么时候? Xiàyìchǎng shì shénme shíhou?

씨아이챵~ 스~ 션~머스~ 허우? / 다음 회는 언제 합니까?

离开始还有十分钟。 Lí kāishǐ háiyǒu shífēnzhōng.

(을)리 카이스~ 하이여우 스f펀쭝~. / 시작하려면 아직 10분 남았어요.

票都卖光了，只有站位。

Piào dōu màiguāng le, zhǐyǒu zhànwèi.

퍄오 또우 마이꽝 러, 즈~여우 짠~웨이. / 표가 다 팔려서 입석 밖에 없어요.

단어 [电影 diànyǐng 띠엔잉 / 영화], [电影院 diànyǐngyuàn 띠엔잉위엔 / 극장],

[下一场 xiàyìchǎng 씨아이챵~ / 다음 회], [离 lí (을)리 / …로부터],

[票 piào 퍄오 / 표, 티켓], [卖光 màiguāng 마이꽝 / 다 팔리다],

[站位 zhànwèi 짠~웨이 / 입석]

극장에 들어가서 자리를 찾을 때는,

对不起，这位子有人坐吗?

Duìbuqǐ, zhè wèizi yǒu rén zuò ma?

뛔이부치, 쪄~ 웨이즈 여우 런~ 쭤 마? / 죄송하지만 이 자리는 사람이 있습니까?

有，不好意思。 Yǒu, bùhǎo yìsi. 여우, 뿌하오 이쓰. / 있어요. 죄송합니다.

没有，您可以坐。 Méiyǒu, nín kěyǐ zuò. 메이여우, 닌 커이 쭤.

/ 없어요. 앉으셔도 됩니다.

단어 [位子 wèizi 웨이즈 / 자리]

끝으로 영화를 보고 난 느낌을 말해볼까?

这部电影很精彩。 Zhè bù diànyǐng hěn jīngcǎi.

쩌~ 뿌 띠엔잉 헌 찡차이. / 이 영화는 아주 훌륭합니다.

我觉得不怎么样。 Wǒ juéde bù zěnmeyàng. 워 쥐에더 뿌 전머양.

/ 내가 느끼긴 별로예요.

단어 [精彩 jīngcǎi 찡차이 / 멋지다]

오늘 수업은 여기까지!

민석   샘, 수업이 이제 이틀 밖에 안 남았는데요.

샘   그래, 내일은 더 재미있는 내용을 가지고 공부하자!

준호, 민석, 지연 네!

남녀 관계

샘   오늘 주제는 남녀 애정이다.

민석   앗싸~! 샘, [사랑한다]가 뭐예요?

샘   알면서?
    [사랑한다]가 남녀 애정의 포인트겠지!

준호   我爱你。Wǒ ài nǐ. 워 아이 니.

샘   맞아, 하지만 그냥 [사랑해]하며 앞의 [你]를 빼고 [爱你]라고도 많이 써.

지연   샘, [사랑한다]는 말은 좀 쑥스러우니까 [좋아한다]고 하면 안 되나요?

샘   물론 되지.

我喜欢你。 Wǒ xǐhuan nǐ. 워 시환 니.

라고 해도 상관없어. 좀 더 진도를 나가서 [첫눈에 반했다]라고 하려면,

第一次看见你, 我就爱上你了。
Dì yícì kànjiàn nǐ, wǒ jiù àishang nǐ le
띠이츠 칸찌엔 니, 워 찌우 아이쌍~ 닐 러. / 처음 당신을 보자마자 당신을 사랑하게 되었습니다.

그래서 [보고 싶다, 만나고 싶다] 또는 [함께 있고 싶다]고 하려면,

我想你。 Wǒ xiǎng nǐ. 워 씨앙 니. / 당신이 보고 싶어요.

我很想见你。 Wǒ hěn xiǎng jiàn nǐ. 워 헌 씨앙 찌엔 니.

/ 당신을 만나고 싶어요.

我想跟你在一起。 Wǒ xiǎng gēn nǐ zài yìqǐ.

워 씨앙 껀 니 짜이 이치. / 당신과 함께 있고 싶어요.

라고 말하면 돼. 그리고 참말이든 거짓말이든
[당신은 나의 첫사랑입니다. 나는 줄곧 당신을 생각했어요]라고 하려면,

你是我的初恋，我一直在想你。

Nǐ shì wǒ de chūliàn, wǒ yìzhí zài xiǎng nǐ.

니 스~ 워 더 출~리엔, 워 이즈~ 짜이 씨앙 니.

단어 [初恋 chūliàn 출~리엔 / 첫사랑]

더 나아가 [너 없이는 못살겠다]라고 강력히 말할 때는,

没有你我没法活。 Méiyǒu nǐ wǒ méi fǎ huó.

메이여우 니 워 메이 f파 훠.

단어 [活 huó 훠 / 살다]

그러다가 마침내 사랑의 마지막 단계로 결혼하자는 대목에 이르면,

我们结婚吧。 Wǒmen jiéhūn ba. 워먼 찌에혼 바. / 우리 결혼하자.

你嫁给我吧。 Nǐ jià gěi wǒ ba. 니 찌아 게이 워 바. / 내게 시집와라.

你的一生由我来负责。 Nǐ de yìshēng yóu wǒ lái fùzé.

니 더 이성~ 여우 월 라이 f푸즈어. / 너의 일생은 내가 책임질게.

你已经是我的人了。 Nǐ yǐjīng shì wǒ de rén le.

니 이찡 스~ 워 더 런~ 너. / 너는 이제 내 사람이야.

단어 [嫁 jià 찌아 / 시집가다(오다)], [一生 yìshēng 이성~ / 일생], [由 yóu 여우 / …에 의해],

　　　[负责 fùzé f푸즈어 / 책임지다]

뭐 이 정도가 아닐까?

준호　상대가 머뭇거릴 때는 뭐라고 하죠?

샘　글쎄, 그렇다면 상대가 자기를 정말 좋아하는지 확인할 필요가 있겠지.

你真的爱我吗? Nǐ zhēnde ài wǒ ma? 니 쩐~더 아이 워 마?

/ 정말 날 사랑해?

你到底爱不爱我? Nǐ dàodǐ ài bu ài wǒ? 니 따오띠 아이 뿌 아이 워?

/ 날 대체 좋아하는 거야 아니야?

지연　샘, 남자의 구애를 거절할 때는 어떻게 말하지요?
　　　제 경우 꼭 필요할 것 같아요.

준호, 민준　허걱!

샘　오케이, 여러 가지 경우가 있겠지만 보통 이렇게 말하지 않을까 싶은
　　데……

你对我太好了，但是我没有勇气和你过下去。

Nǐ duì wǒ tài hǎo le, dànshì wǒ méiyǒu yǒngqì hé nǐ guò xiàqù.
니 뛔이 워 타이 하올 러, 딴스~ 워 메이여우 용치 흐어 니 꿔 씨아취.
/ 나한테 너무 잘해 주시지만, 당신과 지낼 용기가 없어요.

我知道你是个好人，可是我不想结婚。

Wǒ zhīdao nǐ shì ge hǎorén, kěshì wǒ bùxiǎng jiéhūn.
워 쯔~따오 니 스~ 꺼 하오렌~, 커스~ 워 뿌 씨앙 찌에혼.
/ 당신이 좋은 사람이라는 건 알지만, 나는 결혼할 마음이 없는 걸요.

对不起，我不是你的理想的对象。

Duìbuqǐ, wǒ bú shì nǐ de lǐxiǎng de duìxiàng.

뛔이부치, 워 부 스~ 니 더 (을)리씨앙 더 뛔이씨앙. / 미안해요. 난 당신의 이상적인 상대가 못 되요.

我们做个好朋友吧。 Wǒmen zuò ge hǎo péngyou ba.

워먼 쭤 꺼 하오 펑여우 바. / 우리 좋은 친구로 지내요.

단어 [勇气 yǒngqì 용치 / 용기], [过下去 guò xiàqù 꿔씨아취 / 지내다],

[理想 lǐxiǎng (을)리씨앙 / 이상, 이상적인], [对象 duìxiàng 뛔이씨앙 / 대상, 상대]

지연   그럼에도 불구하고 상대가 자꾸 만나자 결혼하자 졸라대면 어떡하죠?

민석   하하하!

샘   뭘 웃어? 음…… 그럼 지연아, 이렇게 말하면 어떨까?

你知道吗? 你这样缠着我，我好辛苦。

Nǐ zhīdao ma? Nǐ zhèyàng chǎnzhe wǒ, wǒ hǎo xīnkǔ.

니 쯔~따오 마? 니 쪄~양 챤~져~ 워, 워 하오 씬쿠.

/ 아세요? 당신이 이렇게 치근덕거리면 난 정말 힘들다고요.

拜托，你放过我吧! Bàituō, nǐ fàngguò wǒ ba.

빠이퉈, 니 f팡꿔 워 바! / 부탁인데, 날 좀 놓아 주세요!

단어 [缠 chǎn 챤 / 들러붙다], [辛苦 xīnkǔ 씬쿠 / 힘들다],

[拜托 bàituō 빠이퉈 / 부탁하다], [放过 fàngguò f팡꿔 / 놓아주다]

민석   샘, 상대가 그 정도로 나오는데 꼭 매달릴 필요 있나요?
      갈 테면 가라고 해야지. 안 그래요?
      세상에 깔린 게 남자 아니면 여자잖아요.

샘   맞는 말이야. 어쨌거나 서로 감정이 상해서 헤어질 때는 이런 식으로 말해.

你让我太失望了，我们分手吧。

Nǐ ràng wǒ tài shīwàng le, wǒmen fēnshǒu ba

니 랑~ 워 타이 스왕 러, 워먼 f펀셔~우 바. / 너는 나를 너무 실망 시켰어, 우리 헤어지자.

还是你走你的路，我走我的路吧。

Háishi nǐ zǒu nǐ de lù, wǒ zǒu wǒ de lù ba

하이스~ 니 저우 니 덜 루, 워 저우 워 덜 루 바. / 아무래도 각자 갈 길을 가자.

我早知道你脚踏两只船，
　　　　　　　　以后不要来找我了。

Wǒ zǎo zhīdao nǐ jiǎo tà liǎng zhī chuán, yǐhòu búyào lái zhǎo wǒ le。

워 자오 쯔~따오 니 찌아오 타 (을)리앙 즈 촨, 이허우 뿌야올 라이 쟈~오 월 러.

/ 나는 벌써부터 네가 양 다리를 걸치는 줄 알고 있었어. 앞으로 날 찾아 오지마라.

단어 [分手 fēnshǒu f펀셔~우 / 헤어지다], [脚 jiǎo 찌아오 / 발, 다리],

[踏 tà 타 / 밟다], [船 chuán 촨~ / 배]

준호, 민석　하하하!

샘　　그리고 나서는 친구들에게 이렇게 말해.

我失恋了。 Wǒ shīliàn le. 워 스~을리엔 러. / 나 실연당했어.

我们早就吹了。 Wǒmen zǎojiù chuī le. 워먼 자오찌우 췌~일 러.

／ 우리는 진작 끝났어.

她甩了我。 Tā shuǎi le wǒ. 타 슈~와일 러 워. / 그 여자가 날 찼어.

我们分手了。 Wǒmen fēnshǒu le. 워먼 f펀셔~울 러. / 우리 헤어졌어.

단어 [失恋 shīliàn 스~을리엔 / 실연하다], [早就 zǎojiù 지아오찌우 / 일찌감치, 진작],

[吹 chuī 췌~이 / 불다, 끝나다], [甩 shuǎi 슈~와이 / 차다, 버리다]

헤어진 원인이 뭐냐고 물으면?

她交别的男朋友了。 Tā jiāo bié de nánpéngyou le.

타 찌아오 삐에더 난펑여울 러. / 그녀가 다른 남자 친구를 사귀더라.

我有了别的女朋友。 Wǒ yǒu le bié de nǚpéngyou.

워 여울 러 삐에더 뉘펑여우. / 내게 다른 여자 친구가 생겼어.

我们之间有了第三者。 Wǒmen zhījiān yǒu le dìsānzhě.

워먼 즈~찌엔 여울 러 띠싼져~. / 우리 사이에 다른 사람이 생겼거든.

단어 [第三者 dìsānzhě 띠싼져~ / 제3자]

등등이 있겠지?

준호　샘, 중국인과 한국인은 남녀 문제에서 어떤 차이가 있나요?

샘　글쎄, 사람에 따라 다르겠지만,
　　중국은 한국보다 여성들의 파워가 대단한 것 같아.

지연　네, 그래서인지 중국인들은 한국 남성을 가리켜
　　[大男人主义 dànánrén zhǔyì 따난렌~ 쭈~이]라고 비꼬던데요.

민석　무슨 말이야?

지연　무슨 말이긴? [남성우월주의]라는 뜻이지. 호호호!

샘　맞아, 아직도 우리나라 사회는 그런 면이 있지.

지연　정말 한국 남성들 문제예요, 문제!

샘　요즘은 한국 여성들도 만만치 않잖니?

민석   그럼요. 하하하!

샘   오늘로 초급중국어 과정을 다 마쳤다.

준호   벌써요?

샘   내일까지 중국 여행에 필요한 문장들을 더 보강한다면
어디 가서 중급 아니 고급 중국어를 배웠다는 소리를 들을 수 있을 거다.
자, 끝까지 파이팅이다!

준호   박수!

샘, 준호, 민석, 지연 짝짝짝!!

이제 우리는 중국에 간다!

샘	오늘은 우리가 함께 중국어를 공부한 지 30일째 되는 날이다.
준호	시간이 참 빨리 지나갔네요.
샘	강의가 끝나면 3박4일 일정으로 함께 중국에 가면 어떨까?
준호	좋아요! 다음 달까지 열심히 알바하면 여행비는 벌 거 같은데.
민석	저도 갈게요!
샘	지연이는?
지연	이번에 가면 세 번째지만 한 번 더 가죠 뭐.
샘	좋아, 그럼 내달 말에 다 같이 가기로 하는 거다?
준호, 민석, 지연	네!
샘	그럼 오늘 강의는 그동안 배운 내용을 기초로 우리가 중국에 여행 갔을 때 필요한 구문 100개를 문답 형식으로 연습해 보자. 각자 알고 싶은 문장을 돌아가며 질문하면 아메이와 내가 대답할 거야, 어때?
민석	좋아요, 샘, 저부터 시작할게요.

1. 누가 또 올 사람 있나요?

   还有谁会来? Hái yǒu shéi huì lái? 하이여우 세~이 호일 라이?

2. 한국에 대한 인상이 어때요?

   你对韩国的印象怎么样?

   Nǐ duì Hánguó de yìnxiàng zěnmeyàng? 니 뛔이 한궈 더 인씨앙 전머양?

3. 며칠 머무를 겁니까?

你要逗留几天? Nǐ yào dòuliú jǐ tiān? 니 야오 띠울리우 찌 티엔?

4. 중국에서 재미있게 놀았습니다.

我在中国玩儿得很愉快。

Wǒ zài Zhōngguó wánr de hěn yúkuài. 워 짜이 쫑~궈 왈 더 헌 위콰이.

5. 떠나신다니 섭섭하네요.

我舍不得你走。 Wǒ shěbude nǐ zǒu. 워 서~부더 니 저우.

6. 여권 좀 보여 주세요.

请出示您的护照。 Qǐng chūshì nín de hùhuào. 칭 추~스~ 닌 더 후짜~오.

7. 빈 방 있나요?

有没有空的房间? Yǒu méi yǒu kòng de fángjiān?

여우 메이 여우 콩 더 f팡찌엔?

8. 체크아웃 하려고 하니 계산해 주세요!

我要退房, 请结帐! Wǒ yào tuìfáng, qǐng jiézhàng?

워 야오 퇴ifáng, 칭 찌에쨩~!

9. 저, 북경역은 어떻게 갑니까?

请问, 北京车站怎么走? Qǐng wèn, Běijīng chēzhàn zěnme zǒu?

칭원, 뻬이찡 쳐~짠~ 전머 저우?

10. 걸어서 갈 수 있나요?

走得到吗? Zǒu de dào ma? 저우 더 따오 마?

11. 다음 역에서 내려야 합니다.

你应该下一站下车。 Nǐ yīnggāi xià yí zhàn xià chē.

니 잉까이 씨아이짠~ 씨아 쳐~.

12. 아직 몇 정거장이 남았죠?

还有几站? Hái yǒu jǐ zhàn? 하이 여우 찌 짠~?

13. 이 자리에 주인 있어요?

这个位子有人坐吗? Zhège wèizi yǒurén zuò ma?

쩌~거 웨이즈 여우렌~ 쭤 마?

14. 이것을 사겠습니다.

我要买这个。 Wǒ yào mǎi zhège. 워 야오 마이 쩌~거.

15. 입어 봐도 됩니까?

我可以试穿吗? Wǒ kěyǐ shìchuān ma? 워 커이 스~촨~ 마?

16. 다른 것을 좀 볼 수 있나요?

让我看看别的好吗? Ràng wǒ kàn kan bié de hǎo ma?

랑~ 워 칸칸 삐에 더 하오 마?

17. 전부 얼마입니까?

一共多少钱? Yígòng duōshao qián? 이꽁 뚸워샤~오 치엔?

18. 할인해 줄 수 없나요?

可不可以给我打折? Kě bu kěyǐ gěi wǒ dǎzhé?

커 뿌 커이 게이 워 따져~?

19. 신용카드로 지불해도 됩니까?

付信用卡也可以吗? Fù xìnyòngkǎ yě kěyǐ ma? f푸 씬용카 이에 커이 마?

20. 우리는 현금만 받습니다.

我们只收现金。 Wǒmen zhǐ shōu xiànjīn. 워먼 즈~ 셔~우 씨엔찐.

21. 이건 어디서 생산한 것입니까?

    这是哪儿产的? Zhè shì nǎr chǎn de? 쩌~ 스~ 나알 찬~ 더?

22. 자리를 예약하려고 합니다.

    我要订位子。 Wǒ yào dìng wèizi. 워 야오 띵 웨이즈.

23. 예약 주문해도 되나요?

    我可以预订吗? Wǒ kěyǐ yùdìng ma? 워 커이 위띵 마?

24. 예약을 취소하고 싶어요.

    我想取消预约。 Wǒ xiǎng qǔxiāo yùyuē. 워 씨앙 취씨아오 위위에.

25. 번거로우시겠지만 저 좀 도와주실 수 있나요?

    麻烦你，你能帮我一个忙吗?

    Máfan nǐ, nǐ néng bāng wǒ yí ge máng ma?

    마f판 니, 니 넝 빵 워 더 망 마?

26. 몇 분이세요?

    你们有几位? Nǐmen yǒu jǐ wèi? 니먼 여우 찌 웨이?

27. 좀 천천히 말씀해 주시겠어요?

    请你讲慢一点儿好吗? Qǐng nǐ jiǎng màn yìdiǎnr hǎo ma?

    칭 니 찌앙 만 이띠알 하오 마?

28. 당신 오늘 진짜 멋지군요.

    你今天真迷人。 Nǐ jīntiān zhēn mírén. 니 찐티엔 쩐~ 미렌~.

29. 아직 자리 2개가 남았습니다.

    还剩下两个座位。 Hái shèngxià liǎng ge zuòwèi.

    하이 성~씨아 (을)리앙 거 쭤웨이.

30. 배가 좀 고픕니다.

我肚子有点儿饿。 Wǒ dùzi yǒudiǎnr è. 워 뚜즈 여우디알 으어.

31. 아직 돈을 안 내셨는데요.

你还没交钱。 Nǐ hái méi jiāo qián. 니 하이 메이 찌아오 치엔.

32. 이 색깔은 너무 튀네요.

这个颜色太艳了。 Zhège yánsè tài yàn le. 쩌~거 이엔써 타이 이엔 러.

33. 입기가 불편해요.

穿起来不舒服。 Chuān qǐlái bù shūfu. 촨~ 칠라이 뿌 슈~f푸.

34. 당일에 유효하고, 기간이 지나면 무효입니다.

当日有效, 过期作废。 Dāngrì yǒuxiào, guòqī zuòfèi.

땅르~ 여우씨아오, 꿔치 쭤f페이.

35. 가서 상을 펴고 밥 먹을 준비해라.

去放桌子, 准备吃饭。 Qù fàng zhuōzi, zhǔnbèi chīfàn.

취 f팡 쭤~즈, 쭌~뻬이 츠~f판.

36. 저를 따라오세요.

请跟我来。 Qǐng gēn wǒ lái. 칭 껀 월 라이.

37. 당신을 모시고 갈게요.

我陪你去。 Wǒ péi nǐ qù. 워 페이 니 취.

38. 어서 오세요!

欢迎光临! Huānyíng guānglín! 환잉 꽝린!

39. 마중 나와 주셔서 감사합니다.
    谢谢你来接我。 Xièxie nǐ lái jiē wǒ. 씨에시에 닐 라이 찌에 워.

40. 죄송합니다. 제가 늦었습니다.
    很抱歉，我来晚了。 Hěn bàoqiàn, wǒ lái wǎn le.
    헌 빠오치엔, 월 라이 완 러.

41. 여기는 어디입니까?
    这里是什么地方? Zhèli shì shénme dìfang? 쩌~리 스~ 선~머 띠f팡?

42. 이건 중국어로 뭐라고 말합니까?
    这个汉语怎么说? Zhège Hànyǔ zěnme shuō? 쩌~거 한위 전머 슈~어?

43. 한국어 할 줄 아세요?
    你会说韩语吗? Nǐ huì shuō Hányǔ ma? 니 호이 슈~어 한위 마?

44. 방으로 돌아가 쉬세요.
    回房休息吧。 Huí fáng xiūxi ba. 호이 f팡 씨우시 바.

45. 오늘은 몇 월 며칠입니까?
    今天几月几号? Jīntiān jǐ yuè jǐ hào? 찐티엔 찌 위에 찌 하오?

46. 오늘은 무슨 요일입니까?
    今天星期几? Jīntiān xīngqī jǐ? 찐티엔 씽치 찌?

47. 지금 몇 시입니까?
    现在几点? Xiànzài jǐ diǎn? 시엔짜이 찌 디엔?

48. 여기서 기다릴게요.

我在这儿等你。 Wǒ zài zhèr děng nǐ. 워 짜이 쪄~알 덩 니.

49. 다시 한 번 말해 주세요.

请你再说一遍。 Qǐng nǐ zài shuō yíbiàn. 칭 니 짜이 슈~어 이삐엔.

50. 다시 만날 수 있길 바랍니다.

希望能再见面。 Xīwàng néng zài jiànmiàn. 시왕 넝 짜이 찌엔미엔.

51 제 소개를 하지요.

我来自我介绍一下。 Wǒ lái zìwǒ jièshào yíxià.

월 라이 쯔워 찌에쌰~오 이씨아.

52. 너무 과찬이세요.

你太过奖我了。 Nǐ tài guòjiǎng wǒ le. 니 타이 꿔찌앙 월 러.

53. 중국에 가면 그 사람한테 연락하세요.

你到中国去，给他联络。 Nǐ dào Zhōngguó qù, gěi tā liánluò.

니 따오 쭝~궈 취, 게이 타 (을)리엔뤄.

54. 우리 서로 연락하고 지냅시다.

我们保持联系吧。 Wǒmen bǎochí liánxi ba. 워먼 빠오츠 (을)리엔씨 바.

55. 비행기 타고 가면 상해까지 얼마나 걸립니까?

搭飞机到上海要多少时间？

Dā fēijī dào Shànghǎi yào duōshao shíjiān?

따 f페이찌 따오 쌍~하이 야오 뚸쌰~오 스~찌엔?

56. 승객 여러분, 안전벨트를 잘 매시기 바랍니다.

各位旅客，请系好安全带。 Gèwèi lǚkè, qǐng jì hǎo ānquándài.

꺼웨이 (을)뤼커, 칭 찌 하오 안취엔따이.

57. 비행기가 곧 이륙합니다.

飞机马上要起飞了。 Fēijī mǎshàng yào qǐfēi le.

f페이찌 마쌍~ 야오 치f페일 러.

58. 미안하지만 못 알아들었습니다.

对不起, 我听不懂。 Duìbuqǐ, wǒ tīng bu dǒng. 뚜에이부치, 워 팅 뿌 둥.

59. 잠시만 기다리세요.

请稍等一下。 Qǐng shāo děng yíxià. 칭 쌰~오 덩 이씨아.

60. 안에 들어 있는 게 뭐죠?

里面装的是什么? Lǐmiàn zhuāng de shì shénme?

(을)리미엔 쫭~ 더 스~ 션~머?

61. 타세요.

请上车。 Qǐng shàng chē. 칭 쌍~ 처~.

62. 호텔에 도착했습니다.

饭店到了。 Fàndiàn dào le. f판띠엔 따올 러.

63. 무슨 일입니까?

你有什么事? Nǐ yǒu shénme shì? 니 여우 션~머 스~?

64. 차를 갈아타야 합니까?

要不要换车? Yào bu yào huàn chē? 야오 뿌 야오 환 처~?

65. 몇 번 차를 타고 가죠?

坐几路车去? Zuò jǐ lù chē qù? 쭤 질 루 처~ 취?

66. 여기 자리 있어요?

这里有位子吗? Zhèli yǒu wèizi ma? 쩌~리 여우 웨이즈 마?

67. 메뉴판을 주세요.

请把菜单给我。 Qǐng bǎ càidān gěi wǒ. 칭 빠 차이딴 게이 워.

68. 이 요리가 싸고 맛있습니다.

这个菜又便宜又好吃。 Zhège cài yòu piányi yòu hǎochī.
쩌~거 차이 여우 피엔이 여우 하오츠.

69. 음식을 차려 주세요

请上菜。 Qǐng shàng cài. 칭 쌍~ 차이.

70. 어떤 음식을 드시겠습니까?

你要吃点儿什么? Nǐ yào chī diǎnr shénme? 니 야오 츠~ 디알 선~머?

71. 누구세요?

您是哪位? Nín shì nǎ wèi? 닌 스~ 나 웨이?

72. 나는 아무 것도 몰라요

我什么都不知道。 Wǒ shénme dōu bùzhīdào. 워 선~머 또우 뿌쯔~따오.

73. 제가 당신 가이드가 되어드리죠.

我可以当你的导游。 Wǒ kěyǐ dāng nǐ de dǎoyóu.
워 커이 땅 니 더 따오여우.

74. 이건 무슨 건축물입니까?

这是什么建筑? Zhè shì shénme jiànzhù? 쩌~ 스~ 선~머 찌엔쭈~?

75. 이곳은 어디입니까?

这里是什么地方? Zhèli shì shénme dìfang? 쩌~리 스~ 선~머 띠f팡?

76. 환전을 하려고 합니다.

我要换钱。 Wǒ yào huànqián. 워 야오 환치엔.

77. 달러를 인민폐로 바꾸려고 싶어요.

我想把美元换成人民币。

Wǒ xiǎng bǎ Měiyuán huàn chéng Rénmínbì.

워 씨앙 빠 메이위엔 환 청~ 렌~민삐.

78. 잔돈으로 좀 주시겠어요?

给我点儿零钱好吗? Gěi wǒ diǎnr língqián hǎo ma?

게이 워 디알 링치엔 하오 마?

79. 세어 보세요

请点一下。 Qǐng diǎn yíxià. 칭 띠엔 이씨아.

80. 언제 찾으러 오지요?

你什么时候来取? Nǐ shénme shíhou lái qǔ? 니 선~머 스~허울 라이 취?

81. 항공우편 1통을 부치려고 합니다.

我要寄一封航空信。 Wǒ yào jì yì fēng hángkōngxin.

워 야오 찌 이 f펑 항콩씬.

82. 소포 하나를 부치려고 하는데, 한국에 가는데 며칠 걸리죠?

我要寄包裹，寄到韩国要几天?

Wǒ yào jì bāoguǒ, jì dào Hánguó yào jǐ tiān?

워 야오 찌 빠오꿔, 찌 따오 한궈 야오 지 티엔?

83. 날씨가 점점 추워지네요.

天气越来越冷了。 Tiānqì yuèlái yuè lěng le.

티엔치 위엘라이 위엘 렁 러.

84. 온가족이 한집에 모입니다.

全家人团聚一堂。 Quánjiārén tuánjù yì táng. 취엔찌아렌~ 퇀쮜 이 탕.

85. 만두를 빚고, 폭죽을 터뜨리고, 불꽃놀이를 합니다.

包饺子，放鞭炮，燃放烟花。

Bāo jiǎozi, fàng biānpào, ránfàng yānhuā. 빠오 찌아오즈, f팡 삐엔파오, 란f팡 이엔화.

86. 내가 통역해 줄게요

我给你翻译。 Wǒ gěi nǐ fānyi. 워 게이 니 f판이.

87. 어떻게 말하는지 좀 가르쳐 주세요

你教教我怎么说吧。 Nǐ jiāo jiao wǒ zěnme shuō ba.

니 찌아오찌아오 워 전머 슈~어 바.

88. 어떤 브랜드가 좋지요?

哪种牌子比较好? Nǎ zhǒng páizi bǐjiào hǎo?

나 쭝~ 파이즈 비찌아오 하오?

89. 너를 말로 못 당한다니까.

我说不过你。 Wǒ shuō bu guò nǐ. 워 슈~어 부 꿔 니.

90. 여기 쓰여 있네요.

这里写着呢。 Zhèli xiě zhe ne. 쩌~리 씨에 져~ 너.

91. 못 찾으면 다른 사람한테 물어보세요.

找不到的话，再问问别人好了。

Zhǎo bu dào de huà, zài wènwen biéren hǎo le.

쟈~오 뿌 따오 더 화, 짜이 원원 삐에렌~ 하올 러.

92. 아직 시간이 있어요.

还来得及。 Hái lái de jí. 하일 라이 더 지.

93. 이건 월병이라고 합니다.

这叫做月饼。 Zhè jiào zuò yuèbǐng. 쩌~ 찌아오 쭤 위에삥.

94. 그럼 이만 가봐야겠습니다.

那我要告辞了。 Nà wǒ yào gàocí le. 나 워 야오 까오츨 러.

95. 뭐가 그리 바쁘세요?

你忙什么? Nǐ máng shénme? 니 망 션~머?

96. 시간 나면 또 놀러 오세요.

有空再来玩儿吧! Yǒu kòng zài lái wánr ba! 여우 콩 짜일 라이 왈 바!

97. 나는 중국에 대해 관심이 많아요.

我对中国很感兴趣。 Wǒ duì Zhōngguó hěn gǎn xìngqù.

워 뛔이 쫑~궈 헌 깐 씽취.

98. 우리 곧 헤어질 시간이네요.

我们马上分别了。 Wǒmen mǎshàng fēnbié le. 워먼 마썅~ f펀삐엘 러.

99. 안녕히 돌아가세요!

祝你一路平安! Zhù nǐ yílù píng'ān! 쭈~ 니 일루 핑안!

100. 안녕!

再见! Zàijiàn! 짜이찌엔!

모두들 수고했다.

끝으로 같은 글자인데 경우에 따라 발음이 다르게 나는 다음자(多音字)

20개를 프린트해서 나눠 줄 테니 각자 참고해라.

민석   샘, 이것으로 중국어 기초 과정은 다 끝나는 건가요?

샘   그래. 이 정도만 알면

얼마든지 중국어로 된 책들을 사전을 찾아가며 읽을 수 있고,

중국인과 충분히 대화할 수 있을 거야.

하지만 외국어 학습의 끝이 있을까? 계속 공부해야지.

앞으로 공부하면서 모르는 게 있으면 아무 때나 질문해.

내 전화번호는 알고 있지?

준호, 민석, 지연 네!

샘   好，我们的课上到这儿，大家辛苦了!

준호, 민석, 지연 谢谢老师!

※ **多音字 :** 글자의 뜻에 따라 두 가지 이상으로 발음되는 글자

▶ 好 hǎo hào
　好人 hǎorén 하오렌~ / 좋은 사람
　好学 hàoxué 하오쉬에 / 학문을 좋아하다

▶ 大 dà dài
　大学 dàxué 따쉬에 / 대학
　大夫 dàifu 따이f푸 / 의사

▶ 乐 lè yuè
　快乐 kuàilè 콰일러 / 즐겁다
　音乐 yīnyuè 인위에 / 음악

▶ 还 hái huán
　还是 háishi 하이스~ / 역시, 아무래도
　还书 huánshū 환슈~ / 책을 돌려주다

▶ 便 biàn pián
　方便 fāngbiàn f팡삐엔 / 편리하다
　便宜 piányi 피엔이 / 값이 싸다

▶ 少 shǎo shào
　很少 hěn shǎo 헌 쌰~오 / 매우 적다
　少年 shàonián 쌰~오니엔 / 소년

▶ 了 le liǎo
　好了 hǎo le 하올 러 / 됐다
　去不了 qù bu liǎo 취 불 랴오 / 갈 수 없다

▶ 着 zhe zháo zhuō
　看着 kàn zhe 칸 져~ / 보고 있다
　着急 zháojí 쟈~오찌 / 안달하다
　衣着 yīzhuō 이쮀~ / 의복

▶ 得 dé děi de
　所得 suǒdé 쒀드어 / 소득
　我得回去 wǒ děi huíqù 워 데이 호이취
　　　　　　　　　/ 나는 돌아가야 한다
　好得很 hǎo de hěn 하오 더 헌 / 매우 좋다

▶ 地 dì de
　土地 tǔdì 투띠 / 토지
　慢慢儿地 mànmānr de 만말 더 / 천천히

▶ 都 dū dōu
　都市 dūshì 뚜스~ / 도시
　都走了 dōu zǒu le 또우 저울 러 / 모두 갔다

▶ 教 jiào jiāo
　教育 jiàoyù 찌아오위 / 교육
　教中文 jiāo Zhōngwén 찌아오 쭝~원
　　　　　　　/ 중국어를 가르치다

▶ 和 hé huo
　我和你 wǒ hé nǐ 워 흐어 니 / 나와 너
　暖和 nuǎnhuo 난훠 / 따뜻하다

▶ 为 wèi　wéi

因为 yīnwèi 인웨이 / … 때문에

认为 rènwéi 렌~웨이 / …라고 여기다

▶ 分 fēn　fèn

分别 fēnbié f펀삐에 / 분별하다

分量 fēnliàng f펀리앙 / 분량

▶ 倒 dǎo　dào

倒 dǎo 따오 / 넘어지다

倒数 dàoshǔ 따오슈~ / 거꾸로 세다

▶ 的 de　dì

你的书 nǐ de shū 니 더 슈~ / 너의 책

目的 mùdì 무띠 / 목적

▶ 量 liàng　liáng

质量 zhìliàng 쯔~리앙 / 품질

量一量 liáng yi liáng 리앙 일 리앙 / 재다

▶ 没 méi　mò

没有 méiyǒu 메이여우 / 없다

没落 mòluò 모얼뤄 / 몰락하다

▶ 数 shù　shǔ

数学 shùxué 슈~쉬에 / 수학

数一数 shǔ yi shǔ 슈~ 이 슈~ / 수를 세다

김 낙 철(삼육대학교 중문과 교수)

성균관대학교 중어중문학과
국립대만사범대학 석사
성균관대학교 문학박사
저서 : 중국어통(예명출판사)외 다수

책만 사면
제대로 배우는 중국어

초판인쇄 2014년 06월 05일
초판발행 2014년 06월 17일

저　　자 김 낙 철
발 행 인 윤 석 현
발 행 처 제이앤씨
책임편집 최인노 · 김선은
등록번호 제7-220호

우편주소 ㉾ 132-702 서울시 도봉구 창동 624-1
북한산 현대홈시티 102-1106
대표전화 02) 992 / 3253
전　　송 02) 991 / 1285
홈페이지 http://www.jncbms.co.kr
전자우편 jncbook@hanmail.net

ISBN 978-89-5668-421-5 13720　　정가 16,000원